KB130452

되어가는
이들에게

되어가는 이들에게

초판 1쇄 발행 2016년 12월 1일

지 은 이 김한수
발 행 인 권선복
편　　집 김정웅
교　　정 김병민
디 자 인 이세영
마 케 팅 권보송
전 자 책 천훈민
발 행 처 도서출판 행복에너지
출판등록 제315-2011-000035호
주　　소 (157-010) 서울특별시 강서구 화곡로 232
전　　화 0505-613-6133
팩　　스 0303-0799-1560
홈페이지 www.happybook.or.kr
이 메 일 ksbdata@daum.net

값 15,000원

ISBN 979-11-5602-431-6　03190

되어가는 이들에게

김한수 지음

시작하는 말

"청춘, 이는 듣기만 하여도 가슴이 설레는 말이다."

학창시절에 배웠던 민태원의 수필 『청춘예찬』의 첫 문장입니다. 그 어느 누가 이 글을 읽든 읽는 첫 순간부터 가슴이 뛰게 만드는 글입니다. 청춘이라는 말, 청춘의 나이에 있는 젊은이들, 미래가 창창한 신세대들의 무한한 발전 가능성의 모습들……. 이 모두 얼마나 좋은 말입니까? 이들을 다시 바꾸어 표현하자면 '되어가는 존재들'이라 할 수 있을 것입니다.

되어가는 존재란 그 무언가 목표를 두고 그것을 위해 나아가는 이들을 의미합니다. 그런데 되어가는 존재라는 말을 하게 되면 단순하게 청춘들만, 신세대들만 의미하는 말이 아닌 것으로 그 의미의 범위가 더 넓어집니다. 당연히 젊은이들이 가장 우선되는 존재들이지만 저는 또 이렇게 말하고 싶네요.

"비록 젊은이가 아니더라도 늘 목표를 두고 나아가는 사람들 모두

가 다 되어가는 존재요, 사실 이들이야말로 진정한 청춘이다."

이 책은 되어가는 과정 중에 있는 젊은이들에게 들려주는 말이기도 하면서, 더 나아가 늘 되어가는 존재로 살고자 하는 모든 이들과 함께 나누고 싶은 이야기이기도 합니다.

되어가는 존재! 이 말은 그야말로 듣기만 해도 가슴 벅차는 청춘에 대한 저의 또 다른 표현입니다. 청춘은 가슴만 벅찬 존재가 아니라, 엄청난 갈래의 미래를 속에 품고 있는 무한한 가능성의 존재이지요. 오히려 청춘이 가슴 벅찬 이유는 바로 되어가는 존재임에 있는 것이라고 저는 생각합니다.

이 책의 내용들이 '되어가는 존재들'에게 조그마한 도움이라도 되었으면 하는 마음입니다. 또한 인간은 연령고하를 불문하고 생生이 끝날 때까지 노력해야 하며 비전을 가져야 하는 존재라는 면에서 이 책의 이야기들은 모든 이들과 함께 나눌 수 있는 말이라는 생각도 듭니다.

이 책에 들어있는 각 내용들은 되어가는 과정적 존재들의 모습을 담고 있습니다. 각 소주제의 제목이나 내용들은 되어가는 존재들과 나누었던, 그리고 나누고 싶은 저의 이야기들입니다.

고등학교 학생으로서 입시 중심의 일정을 보내다 보면, 삶을 생각하고 진정한 자신의 삶을 계획하는 일, 진정한 공부가 무엇인지를 깊이 생각할 여유가 없습니다. 입시준비를 하면서도 공부가 무엇인지, 진짜 공부를 어떻게 하며 준비해야 할 것인지를 생각하지 못하는 등잔 밑이 어두운 모습이 되기도 하지요. 그리고 그 공부가 어떤 식으로 자신의 삶에 영향을 끼치게 되는 것인지를 생각하지 못하고, 그저 입시준비만 하게 되는 모습이 참 안타깝습니다.

대학생활을 보내면서도, 청년의 시간을 보내면서도, 아무 생각 없이 "젊음이니 누려야 한다"는 생각만으로 그 귀한 시간들을 소비하던 저의 옛 모습이 후배 젊은이들에게는 반복되지 않았으면 하는 마음이 이 책 안에 들어 있기도 합니다.

기성세대, 심지어 노인이라 해도, 우리 역시 되어가는 존재들입니다. 누구든지 이 세상에서의 삶을 마칠 때까지는 끊임없이 되어가는 존재들임에 분명하지요. 청소년들뿐 아니라 저를 비롯한 우리 모든 이들이 그날까지 아름답게 되어가기를 진심으로 바라는 마음으로 이 책을 씁니다.

되어가는
이들에게

되어가는
이들에게

01

되어가는(becoming) 존재

고대 희랍시대의 철학자들은 존재의 세계를 '된 존재being'의 세계와 '되어가는 존재becoming'의 세계로 나누었습니다. 그들은 된 존재being의 세계만 진정한 존재라 생각하였고, 되어가는 존재becoming의 세계를 생성으로 보았다 합니다.

특히 플라톤은 이데아idea의 세계, 관념의 세계, 수학적인 진리 같은 것만 진정한 존재being라고 생각하였고, 우리가 사는 시간, 공간 안에서 일어나는 감각이나 현상을 되어가는 존재becoming라고 보면서, 신神만이 진정한 존재being라 하였습니다. 당대 희랍인의 철학관은 모든 생성과 존재를 다 함께 존재being라고 보는 근대철학과는 다른 것이라 합니다.

저는 오늘 어려운 철학 이야기를 할 자신은 없습니다. 저는 이 두 단어를 문자 그대로 해석하면서 그것이 오늘 우리에게 주고 있는 의미를 생각해 보고자 합니다.

'된 존재being'를 생각해 봅시다. 된 존재라는 것은 이미 완성되어 있는 그 어떤 것입니다. 아주 오래 전이나, 오늘이나, 그리고 먼 미래의 어느 날에도 이미 되었기에 더 이상의 변화의 여지가 없는 존재입니다.

그러나 '되어가는 존재becoming'는 현재 과정 중에 있는 존재를 말합니다. 아직 완성이 되지 않은 존재입니다. 모르는 것도 많고, 생각이나 행동도 완전하지 못합니다. 그러나 아직 과정 중에 있기에 이들의 미래가 어찌될지 아무도 모릅니다. 특별히 청년의 시기에 있는 사람들이 가장 아름답고 보기 좋은 되어가는 존재들입니다.

우리는 간혹 누군가를 아이 때 보았다가 세월이 흐른 뒤 장성한 사람으로 변한 다음에 보게 됩니다. 그때 우리는 "와– 너 많이 변했구나…!"라고 탄성을 지르지요. 겉모습도 변하고 생각하는 것도 변한 그런 큰 변화의 모습을 볼 때마다 참으로 삶이 신기하게 느껴지지요. 이렇듯 '되어가는 존재'는 미래를 향해 나아가기에, '이미 된 존재' 보다도 훨씬 더 의미 있는 것입니다.

오래 전에 시몬느 드 보부아르Simone de Beauvoir, 1908-1986라는 여성철학자가 『제2의 성Le Deuxime Sexe, 1949』이라는 책에서 "여자는 태어나는 것이 아니라 되어가는 존재이다One is not born a woman, one becomes one." 라는 유명한 말을 했습니다. 이 말은 좋은 말이 아닙니다. 모든 여성들에게 주는 충격적인 말이었습니다. 그녀는 충격적인 이 말을 통해서 여성의 의미를 한층 더 의미 있게 생각할 수 있는 계기를 주었습니다.

여성은 원래부터 약한 존재가 아닙니다. 여성은 태어나면서부터 남성에게 종속된 존재, 약한 존재로 시작하는 것이 아닙니다. 아마존 강 지역에 아나콘다를 잡는 여성전사를 기억하시지요? 저도 TV에서 보았습니다. 보부아르에 의하면 여성은 태어날 때부터 여성답게(?) 태어난 것이 아니라, 자라면서 주변 환경여건에 의해서 점점 나약해지며 남성에게 종속되어 가는 것을 몸과 마음에 익히게 된다는 것입니다. 즉 되어가는becoming 과정을 잘못 겪기에 여성은 주체형이 아니라 나약한 종속형의 여성이 되어 버린다는 것이지요. 여성도 되어가는 과정을 제대로 보내게 되면 남성 못지않은 강한 정신, 강한 힘, 앞서는 리더, 제대로 된 동등한 인격으로 이 사회에 기여할 수 있음을 시몬느 드 보부아르는 강조한 것입니다.

보부아르의 이러한 사상으로 전 세계에는 여성학Women's Studies이 발전하게 되었습니다. 과거의 여성은 되어가는becoming 과정에서 여성적이 되도록 강요받고, 때로는 자기가 선택해서 배우게 되어 능동적인 여성상을 이루지 못했음을 많은 여성들이 깨닫게 된 것이지요.

그러기에 되어가는 과정은 참으로 중요합니다. 되어가는 과정에서 어떻게 배우고, 어떠한 사람들을 만나고, 어떠한 것을 중요하게 생각하며 자라느냐에 따라서 그 사람의 인격과 삶이 좌우되는 것입니다.

되어가는 과정이 중요하다는 말에 대한 극단적인 예를 들어봅니다. 아무리 사람이라도 되어가는 과정의 중요한 시기를 늑대들과 살게 되면 절대로 사람으로 돌아올 수가 없습니다. 교육학을 배울 때 반드시 나오는 예화입니다. 어린 시절 늑대와 함께 몇 년을 살았던 그 유명한 '아말라Amala' '카말라Kamala'라는 늑대소녀의 이야기가 있지요. 두 늑대소녀는 결국 정상적인 사람이 되지 못합니다.

되어가는 과정은 한 사람의 삶과 인격을 결정짓는 아주 중요한 시기입니다. 너무나 귀한 시기입니다. 여러분! 이 글을 읽으면서 조금도 염려하지 마세요. 되어가는 존재는 놀라운 가능성을 가지고 있습니다. 아름답게 배우고, 좋은 꿈을 꾸고, 좋은 선배를 만나고, 정의를 위해 살아야 할 인생관을 배우면서, 좋은 선생님의 말에 귀를 기울이게 되면, 그 사람의 삶과 그 사람의 미래는 더욱 아름다워지는 것입니다. 그러기에 되어가는 과정에 있는 사람은 행복한 존재인 것이지요.

'되어간다'는 말이 붙으면 어느 누구든 시시하게 생각하지 않게 됩니다. 여러분도 자신의 이름에 이 말을 붙여서 마음속으로 불러 보세요. "되어가는 존재인 ○○○……."

기성세대 혹은 나이가 많은 노인이면서도 자신이 되어가는 존재라 인식하는 분이 있다면 그 사람이야말로 우리 모두가 가져야 할 가장 이상적인 생의 모습을 갖추었다고 말할 수 있습니다. 왜냐하면 삶은 끊임없이 되어가는 과정이기 때문입니다. 젊은 사람만 되어가는 존재가 아니기 때문입니다.

되어가는 존재라는 의미는 인간의 미래를 열린 것으로 생각하는 데에 있습니다. 미래가 열려 있다는 것은 인간은 어떠한 모습으로도 성장할 수 있으며, 아울러 인간은 자신이 원하는 그 '어떤 모습'을 위해 노력하여 반드시 그 목표를 이룰 수 있다는 것입니다.

혹시 '닫힌 미래'라는 말을 들어본 적이 있는지요? 이 말은 절망적인 말입니다. 자신의 미래를 아예 미리 결정해 버리는 것입니다. 나에게는 미래에 대한 소망이 없다고 생각하는 것입니다. 난 더 이상 아무것도 될 수 없다는 포기의 마음에서 느껴지는 생각입니다. 자기 자신에 대해서 닫힌 미래관을 가진 사람은 자신을 더 다듬기 위해서 노력하지 않게 됩니다. 자신을 더 사랑하지 못하게 됩니다. 자신의 미래를 희망으로 보지 못하게 됩니다.

먼저 청년들에게 말하고 싶습니다. 여러분들은 과정 중에 있는 되어가는 존재들입니다.

그래서 청년은 청년이라는 것만으로도 가장 아름답고 부러운 존재입니다. 여러분들의 미래는 열려 있습니다. 청년들 한 사람, 한 사람들이 되어가는 그 모습들은 마치 비행기들이 색색의 연기를 내뿜고 드넓은 하늘을 수놓는 에어쇼의 장면처럼 힘차고 보기 좋습니다.

그러나 사실 어린이로부터 노인에 이르기까지 모든 사람은 되어가는 존재입니다. 장년으로서, 노인으로서, 되어가는 마음을 깊이 품고 늘 노력하고 전진하는 분들은 정말로 귀한 분들입니다. 그런 분들의 특징은 어린 시절부터 늘 되어가는 모습으로 살아왔다는 것입니다. 청년뿐 아니라 모든 사람이 이렇듯 되어가는 존재로의 삶을 살기 위해 노력한다면 아마도 모든 이의 삶의 모습은 늘 새로울 것입니다. 태어날 때부터 죽기까지 끊임없이 되어가는 과정 속에 있다면 그는 이 세상을 사는 동안 항상 푸르다가 떠나는 것입니다.

이미 된 존재는 더 이상 바뀔 수가 없습니다. 그러나 진정한 존재는 항상 생성되는 것입니다. 늘 변화를 겪는 것입니다. 그럼에도 불구하고 이미 된 존재처럼, 아무 발전 없이, 노력 없이 사는 이들은 참으로 불행한 존재입니다. 나의 삶을 변화의 나날로 이끌지 않고 그저 그렇게 하루를, 일 년을 보내는 이가 되지 않도록 항상 자신의 삶이 변화되길 소망하는 이는 그의 나이와 관계없이 늘 청년의 마음으로 살 수 있는 것입니다. 살 만큼 살았다고, 발전할 만큼 발전했다고, 혹 나에게 더 이상 소망이 없다고 판단하고, 되기를 포기하는 삶은 그때부터 존재의 의미를 잊어버린 것입니다.

사실 세상 모든 것은 끊임없이 변합니다. 우리가 다리 위에서 내려다보는 강물은 항상 다른 강물입니다. "같은 강물에 두 번 들어갈 수 없다."고 말했던 고대 그리스의 철학자 헤라클레이토스Heraclitus of Ephesus, B.C. 540?-B.C. 480?의 말처럼 우리는 결코 똑같은 강물을 볼 수가 없습니다. 된 존재로서 굳어진 삶, 변화 없는 나날을 살지 말고, 항상 흐르는 물처럼 끊임없이 되어가는 존재가 되길 바랍니다.

혹 나의 실수나 잘못, 내가 행한 시행착오, 그리고 지금의 나에게 어떤 단점이 있다 해도, 당신은 되어가는 존재이기에 염려할 필요가 없습니다. 살다 보면 반드시 실수를 하게 됩니다. 실수를 하지 않는 존재가 이 세상에 있을까요? 누구나 실수를 합니다. 중요한 것은 실수를 안 하고 사는 것이 아닙니다. 실수를 했을 때, 자신의 실수를 깨닫고 인정하고, 그리고 사과하는 것이 훨씬 더 중요합니다. 그리고 그 실수가 반복되지 않도록 노력하는 삶이 중요합니다.

혹 나에게 어떤 병이 있다면요? 가장 중요한 것은 "나에게는 이런 병의 증세가 있다."라는 것을 내가 잘 인식하는 것입니다. 먼저 의사의 도움과 처방을 잘 받아들여야 할 것입니다. 그리고 언제쯤, 어떠한 상황에서 나에게 이런 병세가 나타난다는 점을 잘 알아야겠지요. 나 스스로 그 상황을 잘 예측하여 대비하며, 또한 미리 막으며 살아야 하는 것입니다. 그렇게만 산다면 그 사람은 자신의 병에 의해 끌려가는 사람이 아니라, 자신의 병을 다루며deal with 사는 사람인 것입니다. 자기의 약점이나 단점을 남보다 먼저 인정하고, 이해하고, 그것을 다루며 사는 모습도 되어가는 사람의 모습이라고 생각합니다.

동서양을 막론하고 사람은 개를 사랑하면서도, 인간의 곁에 개를 두고 귀여워하면서도, 욕을 할 때는 '개'라는 글자를 넣습니다. 개에 대한 메타포metaphor는 토한 것을 다시 먹는다는 그 행위에 있습니다. 물론 이것은 상징적인 의미이지 실제 개의 생태와는 전혀 관계없는 것입니다. 개는 소처럼 여러 위장이 발전해 있지 않기에 개만의 방식으로 소화를 하는 것이지요. 그러나 우리가 개를 통해서 깨달아야 할 의미는 한 번 행한 잘못이나 실수를 반복하지 않도록 노력해야 한다는 점입니다. 되어가는 존재는 반드시 변화할 수 있기에, 모르고 부족해서 행했던 자신의 실수를 잘 돌아보고 다시 반복되지 않도록 노력할 수 있습니다.

되어가는 존재는 자신의 단점도 되어가는 과정에서 고치려고 노력합니다. 단점이 없는 사람이 어디 있겠습니까? 중요한 것은 역시 자신에게 어떠한 부분이 단점이라는 것을 깨닫는 것입니다. 그것을 알게 되었으면 그 단점을 극복하기 위한 노력을 하는 것입니다. 단점이 쉽게 다 극복되지 않을 수도 있습니다. 그러나 자신의 단점을 인식하고 고치려는 노력이 있다는 것만으로도 나의 단점은 내가 처리하고deal with 다룰 수 있는 대상이 되는 것입니다.

혹 내가 싫어하는 다른 사람이 있다면, 그 사람 또한 되어가는 존재이기에 그가 어떻게 되어 변할지 기대하는 마음으로 조금만 참아 보세요. 삶에서 가장 힘든 것은 사람과의 관계입니다. 더구나 가까운 사람으로부터 많은 부분에서 문제를 발견하게 될 때 삶은 참으로 힘들어집니다. 사람과의 관계가 힘들어질 때에도 우선 나나 그 사람이나 모두가 되어가는 존재임을 되새길 필요가 있습니다. 간혹 우리가 오랜 시간 후에 누군가를 다시 만났을 때, 그가 변해 있음을 느끼게 되는 경우가 있습니다. 물론 사람의 근본이 변하기는 쉽지 않습니다. 표범의 가죽 무늬가 평생 변하지 않는 것처럼 그 사람의 마음이 변하지 않을 수도 있습니다.

그래도 한번쯤은 시도해 보세요. 당신이 누군가와의 인간관계로 너무 힘들 때, 그 상대를 미워하지만 말고, 미리 앞당겨서 그 어느 날엔가 변화될 그 사람의 모습을 잠시 생각해 보세요. 여러분들이 받았던 그 미움과 상처가 약간은 감소됨을 느끼게 될 것입니다. 그리고 그 사람을 조금은 이해할 수 있는 마음, 아량의 마음도 생겨남을 경험하게 될 것입니다.

조금 전에 언급했던 말을 한 번 더 해 보겠습니다. '되어간다'는 말이 붙으면 어느 누구든 시시하게 생각하지 않게 됩니다. 여러분도 자신의 이름에 이 말을 붙여서 마음속으로 불러 보세요. "되어가는 존재인 ○○○……."

02

구우일모(九牛一毛)

구우일모九牛一毛라는 고사성어는 우리가 그 뜻을 알아야 하면서도, 그 뜻처럼 살지 말아야 할 숙어입니다. 구우일모란 우리가 잘 알듯이 아홉 마리 소의 털 중에서 한 가닥의 털이라는 뜻이지요. 다시 말하면 아무 의미가 없는 하찮은 존재를 말할 때 쓰는 표현입니다.

적어도 이 책 『되어가는 이들에게』를 읽는 '되어가는 이들'에게 저는 이 구우일모를 꼭 마음에 새기라고 충고하고 싶습니다. 마음에 새기면서도, 내가 이 구우일모처럼 되지 말아야 하겠다는 마음을 또한 늘 되새기길 바랍니다.

구우일모九牛一毛라는 말과 관계된 인물은 사마천司馬遷, B.C. 145-90?이라는 동양 최고의 역사가입니다. 그의 집안은 사관史官의 가문이었습니다. 사마천의 아버지 사마담司馬談은 역사, 천문, 의식들을 관장하는 태사령太史令이라는 직위에 있었고, 어린 사마천은 아버지로부터 역사가로서의 자의식과 사명을 물려받으며 성장했다 합니다. 사마천이 20세의 약관이 되자 아버지는 사마천이 실제로 보고 듣고 배울 수 있게 중국 대다수 지역을 여행하게 하였다고 합니다. 직접 가서 보지 않고서는 역사를 생동감 있게 쓸 수가 없다는 것을 배운 것입니다. 오늘날도 도서관에서만 역사책을 쓰지 않습니까? 아무리 오래전 일이라도 역사가에게는 가끔 현장에 가서 현장의 냄새를 맡으며 옛 일을 회상하는 태도가 필요하지요.

사마천의 아버지는 죽으면서 아들에게 반드시 가문의 가업을 이어서 위대한 역사책을 써야 한다는 유언을 합니다. 사마천은 아버지의 직위와 뜻을 그대로 이어받습니다. 그리고는 역사책을 쓸 준비들을 하나씩 하나씩 하였습니다. 아버지로부터 물려받은 자료들도 정리하였을 것입니다.

그러나 사마천이 47세 되었을 때 사건이 터집니다. 이릉李陵이라는 장수가 전쟁에 패배하여 모두들 그를 탄핵할 때 사마천은 그가 병사의 수가 부족해서, 즉 중과부적衆寡不敵으로 진 것이라고 변호합니다. 그런데 이 말로 인해 사마천은 복잡했던 당시 정치 상황에 휘말려 사형선고를 받게 됩니다. 간혹 이런 인생이 있지요. 전혀 관계없는 일에 휘말리어 혹독한 운명에 처하게 되는 일 말입니다.

당시 사형수는 50만 전을 내거나 궁형宮刑, 거세당하는 형벌을 당하면 사형을 면제받을 수 있었다 합니다. 사마천은 50만 전을 낼 수는 없었습니다. 그리고 사나이로서 거세去勢를 당하는 궁형을 택합니다. 당시에 소위 사나이라 하면, 거세보다는 죽음을 택하는 경우가 다반사였는데 사마천은 치욕의 궁형을 택한 것입니다.

자칫 죽을 수도 있는 궁형의 엄청난 후유증을 견뎌내고 목숨을 건진 사마천은 50세 무렵에 석방되었고, 그때부터 14년여에 걸쳐서 그 유명한 『사기史記』를 저술하였다고 합니다. 사마천이 그 치욕을 견뎌내면서 목숨을 부지하려 했던 이유는 바로 아버지의 유언인 역사책을 저술하기 위함이었습니다. 아버지로부터 물려받았던 자료와 자신이 직접 몸으로 뛰면서 조사했던 그 엄청난 자료들이 세상을 위해 귀하게 쓰여지기 위해서는 일단 목숨을 지켜야 했던 것입니다.

사실 궁형을 당하면 온몸에 호르몬 변화가 생겨난다고 합니다. 목소리도 여성처럼 변하고, 여러 신체적인 변화가 눈에 띄게 나타나는데, 그 과정을 당하는 사마천이 얼마나 힘들었겠습니까? 그 힘든 일들을 겪으면서도 『사기』의 집필은 계속된 것입니다.

사마천의 사기는 그 양이 오늘날 500여 쪽 분량의 두꺼운 책으로 해도 5권 정도 되는 양입니다. 사마천의 시대는 오늘 같은 종이가 없었고, 나무 판에다가 글자 몇 개씩을 써야 했던 시대였습니다. 『사기』의 원고로 아마도 사마천의 온 집안이 나무 판목간, 혹은 죽간으로 가득 차야 했을 것입니다.

그는 자기가 궁형의 치욕을 견디어 내며 생명을 보존한 이유를 친구에게 설명하는 과정에서 구우일모九牛一毛라는 말을 쓰고 있습니다. 사람이 한 번 살다가 죽는데, 그 죽음이 태산같이 무거운 죽음이 있고, 구우일모九牛一毛 같은 별 의미 없는 죽음도 있다는 것입니다. 사마천은 자신의 죽음이 구우일모九牛一毛 같은 죽음이 되지 않기 위해서 모든 어려움을 견뎌내고 결국 인류 역사에 길이 남을 엄청난 역사책『사기』를 쓴 것입니다.

저는 '되어가는 존재'인 여러분들에게 일부러 특별하게 살라고, 태산 같이 살라고 권하고 싶지는 않습니다. 그러나 분명코 우리들의 삶의 자세가 구우일모九牛一毛의 모습은 아니어야 함을 강조하고 싶습니다. 진정한 존재의 의미가 무엇입니까? 내가 존재하는 의미가 무엇입니까? 그것은 분명코 남에게, 다른 존재에게 무언가 도움이 되고 사회와 역사에 기여를 하는 데에 여러분의 존재 의미가 있는 게 아닐까요?

한 번 사는 인생인데 그저 나 하나만 먹고 사느라 바쁜 삶이 되어서는 안 되겠지요? 그저 나와 내 식구 잘 먹는 것에만 치중하는 삶은 아니어야겠지요? 비록 사마천이 말한 것처럼 태산 같은 죽음, 태산 같은 삶을 이루지는 못한다 해도, 무언가 나의 삶으로 인해 다른 존재에게 도움과 의미가 되는 삶을 위한 목표를 갖고, 그 목표를 위해 노력하는 삶이 바로 '참 되어가는 존재'의 삶이 아닐까요?

목적을 가진 이에게는 에너지가 나옵니다. 아기를 가진 여인은 어머니이기에 여인으로서는 약할 수 있으나, 아기를 살리고 키워야 할 어머니로서 강한 존재의 능력을 보일 수 있지요. 삶에 대한 분명한 목표를 가진 이는 그 삶의 태도가 분명코 다른 사람과 다를 수밖에 없습니다.

〈벤허〉라는 영화에 보면, 벤허가 친구의 배신으로 갤리선gally船으로 끌려가게 됩니다. 전투함 배 밑창에서 노를 저어야 합니다. 그 열악한 환경에서 노를 젓는 노예들은 대부분 일 년을 못 견디고 죽습니다. 그러나 벤허는 몇 년이 지나도 건장하게 살아서 그 환경을 견뎌냅니다. 그의 눈빛은 살아있어 예리했습니다. 그가 그 열악하고 더러운 노예선 밑창에서도 생존할 수 있었던 이유는 자신을 배신한 친구에 대한 강한 복수의 마음이었습니다. 물론 그 복수심은 이후에 수정되지만, 분명한 목표를 가진 이는 어떠한 어려움의 여건이라 해도 반드시 견뎌낸다는 것입니다.

여러분! 내가 왜 사는가? 내가 무엇을 위해 사는가? 분명한 목표를 가져 보세요. 벤허 같은 복수에 대한 계획은 말고요. 돈을 많이 벌고 싶은 목표를 세웠으면, 그 돈을 어떻게 쓸 것인가에 대한 목표도 함께 세워 놓기 바랍니다. 그러한 목표들이 여러분의 삶의 태도를 달라지게 만들 것입니다. 대학교 입학시험을 준비하든, 직장 취업을 준비하든, 그리고 사업을 계획하든 말이지요, 어떠한 일을 하게 되든지 자신이 가는 길에 대한 분명한 목표가 있을 때, 그 모든 과제들을 잘 해낼 수 있는 힘이 더욱 생겨나는 것입니다. 또한 삶에서 위기의 순간이 다가올 때도, 분명한 목표를 가진 이는 그 위기의 때를 더 잘 이겨낼 용기를 가질 수 있게 되는 것입니다.

『사기』에는 그냥 사건만 기술된 것이 아닙니다. 사건마다 사마천의 간략한 평評이 있습니다. 사관史官의 사관史觀이라고 말할 수 있겠지요? 그 간략한 평이 바로 사마천의 사상이며 그 사상이 『사기』라는 책에서 아주 중요한 것입니다. 아마도 사마천이 궁형을 당하지 않고 평안하고 무사한 상황에서 『사기』를 썼다면, 그 사상이 오늘날 우리가 읽는 『사기』하고는 많이 달랐을 것으로 생각합니다.

궁형宮刑이라는 극한의 사건이 사마천으로 하여금 예리한 사관史觀의 소유자, 세상을 제대로 볼 수 있는 사상가가 되게 하였음을 우리는 압니다. 어려움을 당할 그 당시에는 힘들지만, 반드시 그 일이 지난 이후에 사람은 놀라운 변화, 더 높은 차원의 변화와 정신적인 상승을 맞이하게 됩니다.

지금 현재 어려움의 한복판에 있다면, 우선은 잘 견뎌낼 수 있도록 최선을 다하시길 바랍니다. 그리고 분명히 믿으세요.

"지금 나는 이 일로 인해 힘들다. 지금 나는 정말로 힘들다. 그러나 이 일을 통해서 나는 이후에 훨씬 더 높은 가치의 사람으로 변할 것이다. 지금의 어려움을 겪음으로 이후 내가 정말로 구우일모九牛一毛의 삶이 되지 않는 혜택을 누릴 것이다."

되어가는 존재들이여! 우리 모두는 이 세상에서 한 번 살다 갑니다. 천문학적인 우주의 역사에 비하면 우리의 생은 너무나 짧습니다. 그러나 시간의 내면세계로 들어가면, 천 년이 하루 같을 수 있고, 하루가 천 년 같을 수도 있으며, 우주의 엄청난 시공이 나의 내면의 한 순간으로 요약될 수도 있는 것입니다. 한 번 살다 가는 인생, 구우일모九牛一毛 같은 존재가 아니라 좀 더 의미 있고 남에게 도움 되는, 역사와 사회에 아름다운 발걸음을 남기는 삶의 목표를 가지고 삽시다. 그런 귀한 목표를 둔 사람의 삶은 어려움 속에서도 시들지 않고 굴하지 않는 생명력을 소유하며, 시련의 때마다 그 시련을 잘 견디어 내면서 스스로를 더욱 성숙하게 인도할 것입니다.

03

지긋지긋하게 힘든 길, 그러나 우리가 가야 할 길(too damn hard path)

'되어가는 여러분들'에게 추천하고 싶은 영화들 중에 〈여인의 향기Scent of a woman, 1993〉가 있습니다. 이 영화는 1993년경에 만들어진 알 파치노Alfredo "Al" James Pacino, 1940-와 크리스 오도넬Christopher Eugene O' Donnell, 1970- 주연의 영화입니다. 물론 이 영화에서 아카데미 남우주연상을 수상한 알 파치노의 연기는 영화사에 길이 남을 감동적인 모습을 보여줍니다. 그렇지만 무엇보다도 저는 이 영화의 마지막에 나오는 대사에 아주 깊은 감명을 받았습니다. 그때 제 나이가 서른 살이었지요. 저는 '이 영화가 10년만 일찍 만들어졌다면?' 하는 생각을 해보았습니다. 왜일까요? 제가 그 영화를 십 년만 더 일찍 보았다 해도 저의 삶이 많이 달랐을 거라는 생각 때문입니다. 그때의 마음을 여러분과 함께 나누고자 합니다.

찰리 심스Charlie Simms, 크리스 오도넬 분는 베어드Baird라는 명문사립고등학교prep-school 학생입니다. 프랩스쿨prep-school이란 Preparatory school

을 줄인 말로서, 미국에서 공립학교가 아닌 비싼 등록금을 내는 높은 교육 수준의 사립학교로 명문대학교 입학을 준비하는 곳입니다. 로빈 윌리암스가 주연했던 〈죽은 시인의 사회Dead Poets Society, 1989〉라는 영화도 이런 사립학교를 배경으로 하지요?

여러분 중에 아마도 '프레피 룩Prepy-look'이라는 말을 들어보셨을 겁니다. 일종의 패션 형태 중에 하나인데, 이런 사립학교의 교복과 비슷한 스타일로 클래식한 분위기의 깔끔하고 단정하면서도 고급스러운 캐주얼 패션을 말하지요. 대다수 학생들은 명문가家 출신이고, 부모들의 위치 또한 사회의 상류계층들이라 합니다.

그런데 찰리는 이 명문 사립고교 학생이면서도 장학금을 받고 입학한 학생입니다. 불우한 가정환경 속에서도 실력으로 명문고에 들어온 학생이지요. 찰리는 부유한 학생들 틈에서도 최고의 실력으로 인정받고 하버드 대학을 갈 만한 실력의 우수 학생입니다. 찰리는 학교에서도 방과 후에 아르바이트를 합니다. 장학생이지만 고학생苦學生이기에 아르바이트를 하는 것입니다.

추수감사절 휴가가 다가옵니다. 다른 친구들은 휴가 때 외국 스키장을 다녀오는 등의 계획을 세우느라 분주합니다. 그러나 고학생 찰리는 남들이 다 노는 휴가 기간에 300달러를 받고 어느 집에서 시각장애인 한 사람을 돌보는 일을 하기로 약속합니다. 그 사람이 바로 퇴역 장교 프랭크 슬레드Lt. Col. Frank Slade, 알 파치노 분입니다.

추수감사절 휴가가 다가오는 어느 날, 찰리가 다니는 고등학교의 불량학생들이 그 학교의 교장 선생님을 욕보이기 위해 어떤 작업을 합니다. 큰 풍선 안에 밀가루 반죽 같은 것을 넣고 그것을 교장이 만질 때 터지도록 한 것이지요. 학교에서도 방과 후에 아르바이트를 해야 했던 찰리는 교장을 욕보일 거사 전날 불량학생들 몇 명이 그 일을 작업하는 모습을 아르바이트 하면서 보게 됩니다. 다음날 교장은 전교생이 보는 가운데 온몸에 밀가루를 덮어쓰는 치욕을 당하게 되지요.

분노한 교장은 범인을 찾는 가운데 그 전날 찰리가 그 장소 근처에서 아르바이트를 했음을 알고 찰리를 부릅니다. 그리고 그때 본 사람들이 누군지를 말하라고 합니다. 찰리는 교장에게 솔직히 말합니다. "누구인지 보았지만 그들을 밀고할 수는 없습니다." 교장은 찰리에게 사실을 말할 것을 강요하지만 찰리의 마음은 요지부동입니다. 교장은 곧 하버드 대학에 추천을 해야 할 시기인데, 찰리를 추천할 계획이라고 말하며 구슬립니다. 그래도 찰리가 말을 안 듣자 교장은 찰리에게 두 가지 중에 한 가지를 선택하라고 명령합니다. 이번 추수감사절 휴가 후 전교생과 이사회가 모여서 이 일에 대한 징계회의를 하게 되는데, 그때에 찰리가 범인이 누구인지를 말하면 이후에 하버드 대학을 가는 것이요, 그렇지 않으면 찰리는 징계를 받게 될 것이라는 말을 합니다. 아직 고등학생인 어린 찰리는 고민하지요. 그런 고민을 안고 남들 다 노는 추수감사 휴가에, 아르바이트를 하기 위해, 찰리는 프랭크의 집으로 갑니다.

프랭크는 퇴역한 예비역 중령으로 시각 장애인입니다. 혼자인 그는 조카의 집 뒤편의 방에서 삽니다. 추수감사절에 조카 가족이 휴가를 가게 되고, 시각 장애인이기에 그동안 그를 봐줄 학생이 필요해서 프랭크의 조카가 찰리의 학교에 의뢰를 했고, 돈을 벌어야 하는 찰리가 게시판을 보고 그 일을 하고자 지원한 것입니다. 찰리나 프랭크 둘 다 남들이 다 보내는 휴가를 떠나지 못하는 사람들이지요.

그러나 프랭크에게는 자기만의 계획이 있었습니다. 국가로부터 받아온 적지 않은 돈을 그동안 모아놓은 것으로 자신의 친지를 만나고, 최고급 비행기 좌석, 호텔과 레스토랑, 리무진, 그리고 최고의 여인을 만나서 밤을 보내고, 다음에는 자살하는 것입니다. 그토록 자신만만했던 그의 예전의 삶이 더 이상 시각장애인으로서의 삶을 견딜 수 없게 만들었던 것입니다.

아무 사정도 모르고 아르바이트 온 찰리는 본의 아니게 일하러 오자마자 프랭크와 함께 여행을 떠나게 됩니다. 영화는 일종의 로드무비road movie 형식을 띱니다. 최고급 리무진을 타고 먼 길을 가면서 낯설었던 두 존재가 서로를 알게 되지요. 찰리는 비록 앞을 못 보지만, 가장 남성적이며, 철학적이며, 페라리스포츠카를 좋아하는 멋있는 아저씨 프랭크, 보지는 못하지만 '여인의 향기'만을 맡고도 그 여자에 대해서 상세하게 파악하는 비상한 직관을 가진 프랭크를 알게 됩니다. 프랭크는 너무나 착하고 대견한 장래 이 세상의 대들보감인 찰리를 알게 되지요. 아! 모르던 누군가가 서로를 알게 되는 일이야말로 인생의 가장 귀한 일이 아닌가요? 더구나 가장 멋있는 남자와 가장 착하고 전망 있는 소년의 만남은 너무도 귀하고 떨리는 일이지요. 프랭크는 찰리의 사정을 알게 되고, 그가 휴가가 끝나는 동시에 학교에서 당해야 할 일도 알게 됩니다.

영화를 보신 분은 잘 알겠지만, 이 영화의 백미는 앞을 보지 못하는 프랭크가 어느 레스토랑에서 자기 남자친구를 기다리는 한 젊은 아가씨와 탱고를 멋지게 추는 장면입니다. 그때 흐르는 탱고 음악은 그 유명한 〈Por una Cabeza 스페인어로 간발 혹은 말 머리 하나 정도의 차이라는 경마용어라 함〉이지요. 실제 가수의 노래보다는 두 대의 바이올린과 베이스의 협연으로 그냥 연주되는 곡이 우리들에게 더욱 친숙한 이유는 바로 이 〈여인의 향기〉라는 영화 때문이 아닌가 생각됩니다.

여행이 점점 지나면서 찰리도 알게 됩니다. 프랭크의 계획이 무언가를. 마침내 프랭크가 찰리를 따돌린 후 중령의 정복을 입고 권총을 들고 자살하려 할 때, 눈치를 채고 돌아온 찰리가 만류합니다. 비록 어리지만 삶의 의미를 프랭크에게 말하지요. 사람은 나이가 많다고 항상 가르치기만 하는 것은 분명히 아닙니다.

프랭크는 자신의 자살을 만류하는 찰리에게 말합니다. "그렇다면 내가 살아야 하는 이유를 말해 봐라." 이때 찰리는 대답합니다. "아저씨는 페라리 운전도 잘하시고, 탱고를 잘 추시잖아요?" 가장 멋지고 철학적이며, 낭만적인 프랭크의 그 모습을 통해 감명 받았던 찰리의 마음을 표현한 말이지요. 결국 프랭크는 자살을 버리고 찰리와 함께 자신의 삶의 자리로 돌아오게 됩니다. 찰리와 함께한 여행이 아니었다면 프랭크는 자살로 이 세상과 이별을 고했을 것입니다. 어린 찰리로 인하여 프랭크의 생명이 새롭게 연장된 것이지요.

영화의 두 주인공은 학생과 중년의 신사이지만, 서로가 서로를 힐링healing해 주는 역할을 훌륭히 감당하고 있습니다. 좋은 영화는 이렇게 치유를 제시해 줍니다. 현대인은 모두가 상처받은 존재입니다.

아름다운 인간관계가 무엇입니까? 바로 그 사람을 대하게 됨으로 내가 왠지 위로와 치료를 받을 수 있게 될 때, 그 관계가 아름다운 관계입니다. 누가 더 잘나고 똑똑해서가 아니요, 누가 나이가 더 많아서도 아닙니다. 그저 서로가 함께 부딪히며 살아가는 가운데, 자기도 모르게 그 사람에게서 치유를 받게 되는 것이요, 그 사람도 나를 통해서 위로와 치유를 경험하게 되는 것, 바로 그것이 가장 아름다운 만남이 아닐까요?

사람들은 보통 이 영화를 보며 여기까지를 인상 깊게 생각합니다. 그러나 저는 후반에 나오는 장면에서 더 깊은 의미를 느낍니다. 아시는 분들은 기억을 더듬어서 다시 한 번 저와 함께 생각해 보시길 바랍니다.

휴가의 끝이 되어 찰리와 프랭크는 다시 원래의 집으로 돌아옵니다. 그러나 찰리에게는 학교에서의 일이 기다리고 있습니다. 교장은 이사회와 전교생을 소집하고, 그 앞에서 찰리를 불러내어 교장에게 수치를 주었던 학생들을 밝혀줄 것을 강요합니다. 찰리는 말하지 않습니다. 사고를 저지른 학생들이나 그들의 부모들도 그 자리에 있었지만 그 어느 누구도 "내가 했다" 말하지 않습니다. 자리의 분위기는 찰리에게 징계퇴학가 내려질 상황이 됩니다. 우리의 찰리는 아무 말도 하지 않고 자신에게 쏟아지는 불이익을 감수할 마음을 갖습니다. 바로 이때 프랭크가 등장하지요. 이 영화의 가장 감동적인 마지막 부분입니다.

프랭크는 교장에게 정식으로 발언권을 얻은 후 거침없는 말을 토

해냅니다. 그리고 그 말은 아예 놀라운 하나의 연설이 되어 버립니다. 학생들을 위해서 그때의 대사 중에 일부를 영어와 한국어로 소개해 보겠습니다. 한번 소리 내어 읽어 보시기 바랍니다.

I don't know if Charlie's silence here today is right or wrong; I'm not a judge or jury. 난 모르겠어요, 오늘 찰리의 침묵이 옳은지 그른지요. 난 판사가 아니니까요.

But I can tell you this: he won't sell anybody out to buy his future! 그러나 이것만은 말씀드릴 수 있어요. 그는 자기 장래를 위해서 누구도 팔지 않았어요.

And that, my friends, is called integrity. That's called courage. 그리고 여러분, 그건 바로 순결함이죠. 그리고 용기죠.

Now that's the stuff leaders should be made of. 그것이 지도자들이 갖추어야 할 것이고요.

Now I have come to the crossroads in my life. 난 지금까지, 지금도, 수많은 인생의 갈림길 앞에 서보았습니다.

I always knew what the right path was. 그때마다 난 언제나 어느 길이 바른 것인지를 알았지요.

Without exception, I knew, but I never took it. 그때마다 나는 예외 없이 어느 길이 바른 길인지를 알았습니다. 그러나 난 그 길을 택하지 않았어요.

You know why? It was too damn hard. 왜냐고요? 그 바른 길을 가

는 것이 너무 지긋지긋하게 어려워서죠.

Now here's Charlie. He's come to the crossroads. 여기 있는 찰리도 지금 갈림길에 있어요.

He has chosen a path. It's the right path. 그는 한 길을 선택했습니다. 바른 길입니다.

It's a path made of principle that leads to character. 신념을 바탕으로 만들어진 길, 바른 인격으로 이끄는 길이죠

Let him continue on his journey. 그가 그의 길을 계속 걸어가게 해 주세요.

You hold this boy's future in your hands, Committee. 여러분들 손에 그의 장래가 달렸습니다, 위원님들.

It's a valuable future. 가치 있는 장래가요.

Believe me. Don't destroy it. Protect it. Embrace it. 절 믿으시고, 그의 가치 있는 장래를 파괴하지 마세요. 그의 장래를 보호해 주시고, 그의 장래를 감싸 주세요.

It's gonna make you proud one day, I promise you. 분명히 약속드리건대 언젠가 당신들은 당신들이 행한 오늘의 일을 자랑으로 여기시게 될 겁니다.

다 읽으셨나요? 프랭크의 이 엄청난 대사가 웅변으로 온 강당에 울려 퍼지자, 청중들은 잠시 침묵하지요. 그리고 이내 우레와 같은 박수로 공감을 표시합니다. 현실적인 이익과 개인적인 상황 속에서 뻔히 아는 진실을 머뭇거리며 회피하려던 기성세대들이 한 어린 고

등학생에게, 한 가치 있는 미래a valuable future에게 부끄러움을 고백하고 경의를 표시하던 장면을, 비록 영화 속의 장면이지만, 지금도 생각할 때마다 저는 가슴이 벅차오르는 감동을 느낍니다.

로버트 프로스트Robert Frost의 시 「가지 않은 길The Road not Taken」의 내용처럼, 우리의 삶에는 수많은 두 갈래 길, 교차로들이 놓여있습니다. 우리는 인생의 갈림길에서 프로스트의 시의 내용처럼 어느 길을 갈까 고민하며 선택하는 경우도 있지만, 〈여인의 향기〉에서 프랭크의 대사처럼 어느 길이 올바른 길인지를 사실 알고 있으면서도 그 길을 가지 못하는 경우가 더 많지 않습니까? 왜냐하면 옳은 길을 가기에는 그 길이 너무 힘들고 어렵기 때문입니다. 학교에서, 혹은 직장이나 사회에서, 우리는 어느 길이 옳은 길인지를 알면서도 선뜻 그 길을 선택하지 못하는 일들이 있습니다.

저는 이 글을 읽으시는 분들이 힘들지만 '옳은 그 길'을 향해 나아갈 수 있기를 소망합니다. 힘들지만, 먼 훗날 그 길을 돌아볼 때 자랑스러운 발걸음이 되었으면 합니다. 혹 나이가 들어서 더 이상 그런 모험의 자리에 들 수 없다는 생각이 들기 전에, 미래를 향한 성장의 도상에 있는 젊은이들은 원칙principle의 길을 갈 수 있는 용기를 가져야 합니다. 지금 당장에 그 길을 가기가 지겹도록 힘들지too damn hard 몰라도, 적어도 이 땅의 미래인 젊은이들은 젊음의 패기로 옳은 길을 택하고, 그 길을 코뿔소의 외뿔처럼 꿋꿋하게 나아가야 할 것입니다.

맹자는 '성선설性善說'을 주장했습니다. 영남학파의 이퇴계退溪 李滉, 1501-1570 선생은 기호학파의 기고봉高峰 奇大升, 1527-1572과 철학적인 논쟁을 하는 가운데, 사람의 마음속에는 '리理'라는 것이 있기에, 본래 인간은 도덕적인 존재요, 이성적인 존재임을 강조했습니다. 인간의 마음에는 기본적으로 올바른 길, 의로운 길, 자기가 어느 길로 가야 할지를 알 수 있는 능력이 있다는 것입니다. 여러분의 이러한 마음으로 판단된 길, '그 옳은 길'을 결코 버려서는 안 되는 것입니다.

옳은 일은 어렵습니다. 올바른 길은 험한too damn hard 것입니다. 참된 길은 넓은 길, 평탄한 포장도로가 아닙니다. 참된 길은 좁은 길이요, 고통을 동반하는 길입니다. 되어가는 과정에서 반드시 이런 길을 만나게 됩니다. 힘든 길이지요. 아이가 주사 맞을 때 주위의 분들로부터 "아, 잘 참는다", "착한 아이구나!"라는 칭찬을 받지요? 그러나 옳은 길을 갈 때 우리에게는 별다른 칭찬이 없답니다. 그래서 더욱 힘들지요.

그렇지만 어느 날엔가 여러분이 선택했던 '그 옳은 길'에 대한 칭찬이 여러분의 삶으로 찾아올 것입니다. 옳은 길을 가면서 여러분을 따라오는 어려움의 여건들을 잘 참아내면, 그 당시에는 칭찬을 받지 못할지 모르지만, 언젠가 그 길로 인하여 당신이 매우 자랑스럽게 되는 그날이 반드시 찾아올 것입니다. 그러한 경험들이 하나씩 둘씩 여러분들의 인생의 나이테에 그어지길 바랍니다.

04

남아수독오거서(男兒須讀五車書)

남아수독오거서男兒須讀五車書란 "남자는 모름지기 다섯 수레의 책은 읽어야 한다."는 뜻입니다. 그렇다고 현대적 의미로 볼 때 남자만 책을 읽으라는 말은 아니겠지요? 우리 모두에게 해당되는 말입니다. 이 말은 두보杜甫, 712~770의 시詩에도 나오고, 훨씬 오래 전에 장자莊子, BC 369~BC 289?가 저술한 『장자莊子』 제33편 『천하天下』에도 나옵니다.

먼저 당나라 시대의 시인 두보의 칠언율시七言律詩인 제백학사모옥題柏學士茅屋을 보실까요?

題柏學士茅屋제백학사모옥 −두보杜甫−

碧山學士焚銀魚벽산학사분은어

벽산의 학사가 은어모양의 학사증서 불태우고

白馬却走身巖居백마각주신암거

백마로 달려서 몸을 바위 속에 숨겼도다

古人已用三冬足고인이용삼동족

옛사람은 겨울 동안 독서에 몰두했다거늘

年少今開萬卷餘년소금개만권여

그대 젊은 나이에 이제 만여 권을 읽었도다

晴雲滿戶團傾蓋청운만호전경개

채색 구름이 집에 가득 차서 둥글게 덮개를 엎어 놓은 듯하고

秋水浮階溜決渠추수부계유결거

가을 물이 섬돌에 넘쳐서 도랑으로 떨어지네

富貴必從勤苦得부귀필종근고득

부귀는 반드시 근면한 데서 얻어야 하나니

男兒須讀五車書남아수독오거서

남아로서 모름지기 다섯 수레의 책을 읽을지니라

두보의 이 시는 면학을 강조하는 시로서, 사람은 다섯 수레 분량-약 만 권의 책-을 읽어야 한다고 말합니다.

또한 장자가 지은 『장자』 제33편 『천하天下』에서, 장자는 친구 혜시惠施, BC 370?~BC 309?와의 논쟁을 언급하면서 친구 혜시의 박식함을 설명하는 가운데, 혜시의 장서藏書가 수레 다섯 대 분량이라고 말합니다.

혜시다방기서오거惠施多方其書五車. 혜시는 학식이 다방면에 걸쳐 있고, 읽은 책이 수레 다섯 대에 쌓을 정도였다.

즉 혜시의 박식함과 독서를 강조한 말입니다.

중국의 제자백가諸子百家 시대에 장자는 우리가 잘 알듯 도가道家의 사상가이고, 혜시는 명가名家라 해서 서양의 소피스트궤변론자들처럼 변론을 잘하는 궤변학파詭辯學派에 속하는 학자입니다. 명가 중에 혜시혹은 혜자가 가장 말을 잘했다 합니다. 『장자』라는 책에는 장자와 혜시혜자와의 이야기가 많이 나옵니다.

잘 들어보세요. 남아수독오거서男兒須讀五車書라는 이 말을 언급했던 두보의 시대와 실제 혜시가 살던 시대는 무려 천 년 이상의 차이가 납니다. 혜시는 기원전 4세기에 살았고, 두보는 서기 8세기의 사람입니다. 기원전 4세기에 살았던 혜시라는 학자에게는 수레 다섯 대 분량의 책이 있었던 것입니다. 그런데 혜시의 시대에는 오늘 같은 종이가 없었습니다. 오늘날의 종이는 채륜蔡倫, ?~121?이라는 후한시대後漢時代의 환관이 그동안 전해 내려오던 모든 방법을 잘 발전시켜 발명하였다 합니다.

종이가 없던 시대의 책은 어땠을까요? 종이가 없으므로 나무 판에다가 혹은 대나무 쪽에다가 글을 썼습니다. 그것을 목간木簡 혹은 죽간竹簡이라고 합니다. 그 나무 판들을 끈으로 이어서 둘둘 말아 오늘날의 종이처럼 책처럼, 사용했던 것입니다. 한자로 '책冊'이라는 글자도 죽간을 이은 모습에서 비롯된 것이라 합니다. 이연걸이 주연했던 〈영웅2002〉이라는 영화에 보면, 죽간 도서관이 나옵니다. 혹 기억나시는가요? 왕조위파검와 장만옥비설이 나오는 장면에서, 이연걸무명이 자신의 무술 실력을 인정받기 위해서 왕조위파검와 대결을 하는데, 바로 그 대결장소가 죽간 도서관이었습니다. 그래서 칼이 스칠 때마다 죽간 책들이 우르르 쏟아졌지요.

그 시절의 책은 한 권의 양이 대단했을 것입니다. 오늘 종이책과 비교하면 그 양이나 부피에 큰 차이가 있을 것입니다. 오늘날 손수레에다가 책을 담는다면, 과연 죽간 책이 몇 권이나 담길 수 있을까요? 정확히는 몰라도 몇 권 되지 않을 것입니다. 큰 수레라 하면 좀 더 많은 양의 책을 담을 수 있겠지요? 그래봐야 요즘의 계산으로 하면 얼마 되지 않을 것입니다.

혜시라는 사람의 시기에는 죽간이나 목간 책이기에 다섯 수레의 양이 그리 많은 책은 아니리라 생각됩니다. 또한 기원전 4세기경이니 고대부터 내려오던 책들, 제자백가들의 사상이 담긴 책들을 비롯하여 핵심적인 책, 꼭 가져야 할 책들이었으리라 생각됩니다. 또한 책이라는 것이 당시에는 아주 귀한 것이었고, 복잡한 제조과정을 겪어야 하기에, 일반인들이 쉽게 가질 수 없는 것이었기에, 혜시가 가진 책은 그만큼 의미가 있었고, 그의 모습을 평가할 수 있는 제목이었던 것은 분명합니다.

그러나 두보의 시대는 8세기 중국 역사상 가장 찬란한 문화를 자랑했던 당나라 즉 성당시대盛唐時代였으니 얼마나 잘 만들어진 책, 좋은 책들이 많았겠습니까? 두보가 남아수독오거서男兒須讀五車書라는 말을 사용했을 때, 대다수의 사람들은 아주 많은 양의 책- 약 만 권의 책-을 생각했을 것입니다.

바로 이것이 의미변화입니다. 같은 말이라도 시대에 따라서 그 의미가 그 시대와 장소에 맞게 변하는 것입니다. 남아수독오거서男兒須讀五車書라는 말이 혜시의 시대에는 꼭 가져야 할 시대의 유산, 필수

책 목록을 말하는 것이고, 두보의 시대에서는 많은 책, 많은 지식, 그리고 많은 식견과 관계되는 의미로 이해되었을 것입니다. 그러므로 현대적인 의미로 볼 때, 저는 남아수독오거서男兒須讀五車書라는 말을 두 가지 모두로 생각해야 한다고 봅니다.

먼저, 현대인은 많은 양의 책五車書을 읽어야 합니다. 오래 전에는 가난해서 책을 사지 못하는 학생들이 있었습니다. 저도 초등학교와 중학생 때 선배들이 썼던 참고서를 얻어서 쓰던 기억이 납니다. 그러나 이제는 어디를 가나 도서관이 있고, 책을 살 만한 환경이 되었습니다.

저는 우리 아이들에게 새롭게 학교에 입학하면 반드시 그 학교의 도서관에 먼저 가보라고 말합니다. 도서관에 가서 꽂혀있는 책들을 한번 손으로 죽 스치며 만져보라고 말합니다. 그러면 그 책들이 나에게 인사하는 느낌을 가질 수 있습니다. 그리고 속으로 말하라고 합니다. "얘들아. 반갑다. 언젠가는 너희들을 다 읽을 거야. 그때까지 기다려줘!" 혹 책을 다 못 읽더라도 손으로라도 스친 그 책들은 이미 나와 만났던 사이가 됩니다. 한번 손으로라도 책을 만져 보세요. 제목과 저자소개와 목차라도 보세요. 전혀 그 책을 보지 못한 삶하고는 분명히 다르다는 것을 체험할 것입니다.

도서관이 있기에 현대인에게 정신세계에서만큼은 빈부의 차이가 없습니다. 도서관에서는 시대를 초월해서 수많은 사람을 만날 수 있습니다. 도서관은 타임머신이요, 초음속 비행기입니다. 다른 시대의 사람들의 생각을 만날 수 있으며, 다른 곳에 사는 사람과 대화할 수 있습니다.

저는 아이들에게 "공부하라."는 강조를 하지 않습니다. 그 대신 책을 더 읽어야 한다고 말합니다. 아이가 아직 학교에서 중상 정도의 성적이지만, 책을 많이 읽는 그 아이의 장래가 학교성적과 관계없이 이 땅에 기여하는 삶이 될 것을 믿습니다.

또한 책을 많이 읽은 사람이 공부에 올인 하게 되면 그 효과는 엄청난 속도로 발전하게 됩니다. 학교 공부나 시험공부를 하기 이전에 그의 머리에 엄청난 지식과 사고가 이미 들어있기에, 그가 공부에 몰입하거나 시험공부에 착수하게 된 다음부터는 그 어느 수험생보다도 빠르고 쉽게 그 효과를 얻을 수가 있습니다. 저는 무궁화호 열차가 일찍 출발해도 KTX 열차가 출발하기만 하면 곧 무궁화호 열차를 따라잡듯이, 책을 많이 읽는 사람은 마음만 먹으면 공부에서도, 입학시험에서도, 취업시험에서도, 그리고 사업의 자리에서도 그렇지 않은 사람을 쉽게 따라잡을 수 있고, 추월할 수 있음을 아이들에게 강조합니다.

도서관에 들어가면 수많은 위인들이, 학자들이, 문학가들이, 정치가들이, 철학자들이 우리를 만나려고 줄 서 있습니다. 책은 그들을 아주 쉽게 만나게 해주며, 나를 살찌게 해 줍니다. 책은 많이 읽을수록 좋은 것입니다. 수레 다섯 대의 분량만큼이나 많은 책을 읽는 것은 우리들에게 아주 중요하며 우리를 더 귀한 존재로 만들어 줄 것입니다.

그렇지만, 현대인은 그 많은 책 중에서도 자신이 소중하게 평생 되새기며 살아야 할 책 몇 권을 가지고 있어야 합니다. 그야말로 다독多讀도 필요하지만 정독精讀도 필요하고 중요한 것입니다. 지금으로부터 2,300여 년 전에 혜시혜자가 가지고 있던 수레 다섯 대 분량의 그리 많지 않은 죽간 책들 같은 것입니다. 그러나 꼭 가지고 있어야 할 책이며, 나의 평생에 항상 반복해서 읽으며 힘을 얻을 수 있는 책을 말합니다. 이 책들은 나의 오래된 친구 같은 존재들입니다.

여러분들에게 지금 여러분의 손때가 묻어있는 책들이 있습니까? 일기장에는 여러분의 손때가 묻어있겠지요? 일기장 말고는 어떤 책이 있나요? 여러분들과 평생 동안 같이 갈 책들을 이제부터 골라 보세요. 선배님이나 선생님의 도움을 받아도 좋습니다. 공자孔子, BC 551~BC 479는 『주역周易』이라는 책을 평생 동안 열심히 읽었다고 합니다. 얼마나 많이 읽고 또 읽었는지 죽간을 묶은 가죽 끈이 세 번이나 끊어졌다고 합니다. 그런 훌륭한 책에 대한 집중적인 독서가 공자를 훌륭한 사상가가 되게 한 것입니다.

건물은 반드시 기초가 있어야 지을 수 있습니다. 그 기초가 얼마나 크고 힘 있는가에 따라서 그 건물의 외양과 크기가 결정됩니다. 기초가 작으면 작은 건물을 짓게 됩니다. 기초가 크면 큰 건물을 지을 수 있게 되지요. 사람의 기초됨에는 많은 독서가 있어야 합니다. 그리고 그 독서 중에 더욱 집중적이고 가치 있는 저서들을 정하여 나의 뼈대가 되게 하여야 합니다. 기초에서 건물이 지어지는 것처럼, 사람의 사상이나 인간됨은 예부터 내려온 귀한 유산에다가 자신의 새로운 노력과 확장이 덧붙여져서 이루어지는 것입니다.

청출어람靑出於藍이라는 말이 있지요? "푸른색靑은 쪽藍에서 취했지만 쪽빛보다 더 푸르며, 얼음은 물이 이루었지만 물보다도 더 차다"라는 말靑取之於藍而靑於藍. 氷水爲之而寒於水을 줄여서 청출어람靑出於藍이라고 합니다. 제자가 성장하여 스승보다 더 낫게 발전하고, 자식이 성장하여 그를 키워주고 가르쳐준 부모보다 더 낫게 됨을 비유하는 말이지요? 여러분! 꼭 자신에게 도움이 되고 평생의 친구가 될 책들을 정하시고, 그 책들을 닳도록 만지고 읽으면서 자신을 다듬고 배우고 성장시켜, 마침내는 그 책의 사상과 지혜를 넘어서서 더욱 크고 푸르른 역사를 이루어내시길 바랍니다.

이렇듯 남아수독오거서男兒須讀五車書라는 말에는 현대적인 의미로 다독과 정독을 품고 있다고 생각됩니다. 많은 책들을 읽으세요. 책을 읽는 데는 부자와 가난한 자가 없는 이 세상이 얼마나 공평합니까? 책을 많이 읽는 사람은 컴퓨터의 램RAM, Random Access Memory처럼 작업 용량이 훨씬 더 많은 사람이 되는 것입니다. 여러분 학교의 도서관과 여러분 동네의 도서관을 여러분의 서재로 생각하세요. 당신이 가장家長이라면 주말이나 휴일을 아이들과 함께 도서관에서 보내보세요. 책을 많이 대하는 사람은 값비싼 하드웨어처럼 어렵고 힘든 작업도 능히 해낼 수 있는 훨씬 더 다양한 능력의 존재가 됩니다. 그러면서도 아주 귀한 책들 몇 권을 자신에 맞게 선정하세요. 그 소중한 몇 권의 책들을 완전히 이해하고 소화하시기 바랍니다.

한 번 살다 가는 나의 생을 되어가는 존재로 살기 원하는 사람들에게는 절대적으로 많은 독서가 필요합니다. 그러면서도 내 평생 꽉 부여잡고 읽고 또 읽으며 힘을 얻을 책도 꼭 준비하시기 바랍니다. 그리고 마침내 그 책을 넘어서서, 더욱 귀한 것들을 깨닫고 행할 수 있는 되어가는 존재들이 되시기를 바랍니다.

05

일기 검사

제가 중학교 1학년이었던 1975년의 일입니다. 중학교에 입학하여 생전 처음으로 설레는 마음으로 영어 알파벳을 배우고, 생물시간에는 개구리 해부의 시간이 있어서 교외로 나가서 개구리를 몇 마리씩 잡아서 학교에 가던 시기였습니다. 한문 시간에는 한자를 외우지 못해서 선생님께 혼나곤 했지요.

제가 중학교 1학년 때에 가장 재미있었으면서도 가장 부담이 컸던 과목이 바로 국어였습니다. 그것은 비단 저뿐만이 아니라 우리 학교 1학년 대부분 학생들 모두에게 똑같았지요. 국어 선생님의 성함도 김씨라는 것 외에는 기억이 나지 않지만 지금 연세는 아마도 80대 중반 정도 되실 것으로 생각합니다.

국어선생님의 수업시간은 너무나 재미있었고 모두가 웃음바다였습니다. 말도 재치 있게 하셨고, 잘못하면 여차 없이 매를 주시기도 했으며, 때때로 이상하고도 우스운, 그러면서도 교훈이 되는 일종의 퍼포먼스도 하셨던 것으로 기억됩니다. 우리 모두가 그 시간을 기다리고 좋아했습니다.

그런데 국어선생님께서는 매주 목요일 국어시간에 수업은 하지 않으셨고, 그 시간에 일기 검사를 하셨습니다. 그것이 저희에게는 커다란 부담이었습니다. 선생님께서는 B5용지 크기의 일반 노트 한 쪽을 반으로 나눈 분량을 하루에 최소한 써야 할 일기로 정해 주셨습니다. 글쓰기에 익숙하지 못했던 그 시절 중학교 1학년생인 우리 모두에게는 노트 반쪽 분량의 일기를 하루에 한 번 쓴다는 것이 얼마나 힘든 일이었는지 모릅니다. 그중에서도 일기를 잘 썼던 학생들도 몇몇 있었던 것으로 생각됩니다. 그러나 저를 포함한 대부분의 학생들은 그 일을 하기에는 참으로 힘이 들었지요.

선생님께서는 일기 검사하는 목요일 국어시간에 일주일 동안의 일기를 다 쓰지 못한 사람을 앞으로 불러내어 기합 내지는 매를 주시고, 다른 학생들의 일기를 일일이 검사하셨습니다. 우리는 줄을 서서 선생님의 도장을 받아야 했습니다. 선생님은 일기 검사를 하시다가 그중에 잘된 일기를 골라서 읽어주셨습니다. 잘 쓴 문장만 읽어주신 것이 아닙니다. 재미있는 일에 대한 일기나, 아무도 모르는 범죄(?)를 성공적으로 완수한 아이가 일기장에 그 내용을 쓴 것이 있으면 그것도 읽어주셨지요. 얼마나 재미있었는지 지금도 그 중에 생각나는 이야기들이 있을 정도입니다. 그것을 듣는 우리 모두는 친구의 완전범죄에 경악을 금치 못하면서도 그의 용의주도함에 경의를 표하기도 했습니다.

사람이 매일 일기를 쓴다는 것은 예나 지금이나 힘든 일이지요.

그래서 매주 목요일이 되면 우리 반 학생들은 평상시보다 학교에 오는 시간이 한 시간 정도 빨랐습니다. 왜 그랬을까요? 일주일간 밀렸던 일기를 쓰기 위해 일찍 오는 것입니다. 목요일 아침에는 떠드는 아이들이 하나도 없었습니다. 일주일분 일기를 쓰느라 모두가 바빴기에 목요일 아침 우리 교실은 교장 선생님이 복도에서 들여다보실 때 아주 모범적인 우수한 면학 학급이 되곤 하였지요. 심지어 오전 수업시간에, 다른 과목 수업시간인데도, 몰래 일기장을 교과서 밑에 놓고 밀린 일기를 쓰는 아이들도 있었습니다. 아주 급한 아이들은 이판사판으로 아예 다른 아이의 일기를 통째로 베끼기도 했습니다.

이런 생활이 두 학기째 지속되고 있을 무렵, 학교에서 교내 백일장 행사가 열렸습니다. 모든 학생들이 자유롭게 주제를 설정해서 글을 쓰는 것입니다. 그중에 우수한 글을 쓴 학생은 상을 받게 되고, 그 글이 교지校誌에 실리기도 하지요. 그때 우리 반 학생 중 한 사람이 백일장에 입상을 하게 되었습니다. 모두들 축하해 주었지요. 그런데 그 친구가 쓴 글의 제목이 무엇이었는지 아세요? 바로 〈일기日記 아닌 주기週記〉라는 제목이었습니다. 무슨 내용인지 짐작하시겠지요?

〈일기日記 아닌 주기週記〉의 내용은 제가 앞에서 말한 내용 그대로였습니다. 매주 목요일 아침에 쓰는 일기 아닌 주기에 관한 이야기였습니다. 그 학생만의 일이 아니라 국어선생님께 배우는 우리 1학년 대다수의 이야기였던 것입니다. 비록 매일 일기는 못 쓰지만, 일주일에 한 번 목요일 아침에 일기를 쓸 때 그 마음은 단순하게 숙제를 해야 한다는 마음이 아니라, 자신의 한 주일을 돌아보게 되는 귀한 시간이 되었다는 내용이었던 것 같습니다. 정말로 그랬던 것 같아요. 비록 일주일에 한 번 쓰는 주기週記였지만 그것은 참으로 가치 있는 시간이었고, 중학교 1학년밖에 되지 않았던, 우리 반 아이들 모두가 자신의 한 주일의 시간을 돌아보는 글이요, 소중한 시간이었던 것입니다.

드디어 한 해가 갔습니다. 2학년 진급을 앞둔 그 다음 해 2월, 봄 방학을 앞둔 마지막 시간에 우리는 국어선생님을 맞이했습니다. 선생님은 마지막 일기 검사를 하셨습니다. 그날만은 부실한 학생을 혼내지 않으셨습니다. 우리들도 그날 일기 검사가 좀 섭섭하다는 생각이 들었습니다. 한편으로는 "다시는 일기 검사를 받지 않아도 될 터이니 해방이다." 라는 생각이 들기도 했지만, 이상하게도 아주 편안한 해방의 마음은 아니었습니다. 약간 숙연한 표정으로 일기 검사를 하시는 선생님, 그리고 왠지 이런 일이 다시는 오지 않을 거라는 기쁘지도 슬프지도 않은 마음으로 우리는 일기 검사를 받았지요.

마지막 일기 검사를 다 마치신 선생님은 낮은 목소리로 천천히 미소를 머금으며 말씀하셨습니다.

"여러분들은 지난 한 해 동안 나에게 무얼 배웠습니까? 국문법? 시? 수필? 사실은 그런 거 다 몰라도 됩니다. 그러나 만약에 여러분들이 일기 검사를 안 해도 스스로 일기를 쓸 수 있게 된다면, 선생님은 그것을 가장 큰 기쁨으로 여길 것입니다. 일기 쓰는 것이야말로 여러분의 앞으로의 삶에 가장 중요한 것 중 하나이니까요."

선생님의 마지막 국어수업 시간에 우리는 마음속으로 다짐했습니다. 앞으로 일기 검사가 없더라도 꼭 일기를 꼭 쓰겠다고. 물론 시간이 더 많이 지나간 뒤에 다들 어찌 되었는지는 모르지만, 저는 그 후 40여 년이 지난 지금도 일기를 쓰려고 노력하고 있습니다. 제 서재에는 그동안 나와 함께 살아왔던 일기장들이 꽂혀 있습니다. 물론 다 성실히 쓰지는 못했습니다. 매주 일기 검사가 없었기 때문입니다. 그러나 생각날 때마다 일기를 썼습니다. 선물 받은 일기장이라 모양도 각각이지만 그래도 다 저라는 한 사람이 쓴 것들입니다.

고교시절에 AFKN 라디오 방송을 들으며 밤새 기타를 연습하고 음악을 공부하면서도 가끔씩 나의 음악세계를 일기장에 적었습니다. 일기를 쓰면 안 되는 군복무 시절 공수부대에서 근무하던 그 험악하고 위험한 때에도, 깊은 산속 땅굴비트 안에서 동료들이 잠을 잘 때 흔들거리는 촛불 옆에서, 저는 조그만 수첩에다 일기를 쓰곤 했습니다. 처음으로 비행기에서 뛰어내려 낙하산을 탔던 그날의 감동도 수첩에 적혀있습니다. 어떤 일기장은 한 장을 넘기고 다음 장을 쓰기까지 몇 년이 지난 적도 있습니다. 때로는 부실했지만 그래도 일기를 써야 한다는 정신은 지금도 지키려 합니다.

그 사람이 위인이든 평범한 사람이든 간에, 누군가의 일기는 모두가 다 귀한 것입니다. 간혹 일기에 남이 보면 안 될 비밀스러운 내용을 쓸 때도 있지만, 시간이 많이 지나면 모든 것이 다 귀한 역사요, 가치로 변하기도 하지요.

비록 내가 어떠한 자리에 있든지 일기를 쓰는 그 순간만큼은 나야말로 온 우주의 중심에 위치한 가장 중요하고 의미 있는 존재임을 확인할 수 있게 됩니다. 일기를 쓰게 되면 자신을 돌아보고 점검하게 됩니다. 다른 사람보다도 자신을 돌아보는 시간이 더 많아지기 때문에 더욱 사려 깊고 아름다운 생각을 하게 됩니다. 주관에 빠져서 남의 입장을 생각하지 않고 자신을 돌아볼 줄 모르는 사람들이 일기를 쓰게 되면 자신을 객관적으로 돌아볼 수 있게 되고, 자신의 부족함을 깨닫고 더 나아지는 자신이 될 수 있도록 노력할 수 있게 됩니다.

세상은 거대한 것만 역사라 말하지 않습니다. 높은 사람의 행적, 대통령을 지낸 사람, 대기업을 일구어낸 사람, 놀라운 발명을 이룬 사람들의 발걸음만 역사가 아닙니다. 어느 누구이든 자신을 돌아볼 때, 그 순간 그는 세계 역사의 중심에 있으며, 광활한 이 우주에서 가장 귀한 존재가 됩니다. 지구본을 보세요. 둥근 공인 지구의 중심이 어디에 있지요? 런던인가요? 뉴욕? 파리? 부잣집? 대통령 궁? 둥근 공은 어느 곳이든 그곳에 점을 찍는 순간 바로 그 자리가 그 공의 중심이 됩니다. 내가 서있는 그 자리가 온 우주의 중심이 되는 것입니다. 그것을 우리는 일기를 쓰면서 느낄 수 있습니다. 그러기에 일기에는 나를 가장 가치 있고 의미 있으며 아름답게 만들어주는 놀라운 힘이 있는 것입니다.

요즘의 역사학은 정치, 전쟁, 왕, 장군이나 경제, 위대한 사건 같은 거대한 내용만을 다루던 모습에서 벗어나 소시민의 삶, 평범한 생활 같은 작은 일들, 즉 미시사微視史를 중요하게 생각하기 시작했습니다. 황제, 정승, 위대한 학자나 기업가에게서만 세계역사를 찾던 모습에서 구두수선공이나 시골 농부의 평범한 삶의 모습에서 역사의 진실, 역사의 민낯을 찾게 된 것입니다. 미시사 연구의 중요한 자료 중에 하나가 바로 일기장입니다. 누군가의 일기장을 통해서 그 사람이 살던 시대를 조명해 볼 수 있게 되는 것입니다. 그러나 내가 그런 미시사의 주인공이 되지 않는다 해도, 모든 존재는 일기를 통해서 자신을 돌아볼 때 자신이 온 우주에서 가장 중요한 존재임을 느낄 수 있게 됩니다.

제가 만약에 중학교 1학년 때의 국어 선생님을 다시 만나 뵙게 된다면, 선생님께 정중히 절을 하고 감사의 말씀을 드리고 싶습니다. 일기를 통해서 자신을 돌아볼 수 있는 시간을 삶에서 멈추지 않게 도와주신 그 선생님의 가르침에 지금도 경의를 표합니다. 또한 일기 쓰기가 이 글을 읽는 되어가는 존재들 모두의 삶이 되고, 삶의 소중한 부분이 되길 바랍니다.

06

열린 미래

제 친구 중에서 비행기 표를 아주 싸게 잘 구입하는 사람이 있습니다. 여행을 많이 다니다 깨닫게 된 비법이라고나 할까요? 어느 경제학 책에서 비행기 표의 가격이 어떻게 변하는가만 알아도 경제학의 상당부분을 알게 된다는 말을 읽어보았습니다. 똑같은 시간, 똑같은 비행기인데 그 비행기 표를 산 사람이 지불한 금액은 천차만별입니다. 너무 복잡한 경제 이야기는 뒤로 하고요…….

오래전 일입니다. 영국에서 유학 중이던 그 친구가 잠시 한국에 다녀갔습니다. 그 친구가 지불한 항공료는 왕복 35만 원 정도 되었습니다. 그때 저도 영국에 다녀왔는데 제가 지출한 항공료는 한국 돈으로 110만원 정도였지요. 같은 항공사 비행기였고, 똑같이 주중에 이용했지만, 저와 친구의 비용이 너무나 달랐습니다. 저는 그때 해외여행을 잘 몰라서 남이 준비해준 대로 다녀왔기 때문입니다. 친구는 어떤 항공표가 싼지를 잘 알고 미리미리 준비하여 그 표를 구입한 것입니다. 여러분들도 해외 여행할 때 잘 아는 사람에게 미리미리 물어보고 조언을 구하세요.

그런데 친구가 지불한 항공티켓은 정말로 싸지만, 제약이 있었습니다. 무슨 일이 생겨도 그 표는 교환change하거나 환불refund할 수가 없는 티켓이었습니다. 만약에 실수로 그 비행기를 놓친다면 단 한 푼도 보상을 받지 못하는 겁니다. 혹 일정이 바뀌어 정해진 날에 그 비행기를 이용하지 못하게 되는 사정이 생겨도 역시 보상을 받지 못하는 것이지요. 친구는 그 비행기를 타기 위해서 런던의 히드로 공항에 하루 전날 도착해서 그곳에서 밤을 새운 뒤 비행기를 탔다고 합니다.

그러나 제가 이용한 좀 더 비싼 비행기 표는 그렇지 않았습니다. 제 표는 오픈open되어 있는 티켓이었습니다. 혹 일정이 바뀌면 언제든지 연락하여 시간을 바꿀 수 있는 것입니다. 허락된 기간 안에는 언제든지 변경이나 환불이 가능한 표인 것입니다.

비행기 표가 아니라 우리의 인생을 생각해 보세요. 인생은 과연 닫혀closed 있을까요? 열려open 있을까요? 완벽한 정답은 없겠지만, 인생이 닫혔다고 생각하는 사람도 있고, 인생이 열려 있다고 생각하는 사람도 있습니다. 운동경기를 보면 닫힌 경기도 있고, 열린 경기도 있습니다. 축구 경기에서 후반 40분경에 5:0으로 지고 있다면 경기는 이미 끝난 것입니다. 그러나 야구는 9회 말 투 아웃 이후에라도 기회가 여전히 있고 5:0의 열세를 뒤집는 놀라운 역전의 역사를 이룰 수 있습니다.

어떤 사람들은 인생이 닫혀 있다고 생각합니다. 사람은 태어날 때 이미 머리 좋은 사람과 그렇지 못한 사람, 현명한 인생과 어리석은 인생, 착한 사람과 나쁜 사람, 행복한 삶과 불행한 삶이 정해져 있다고 생각합니다. 성격이 모난 사람은 결코 그 성격이 바뀔 수 없다고 생각합니다. 이런 생각을 '결정론determinism적인 사고'라고 부릅니다. 이런 사람들은 사람이 한 번 수렁에 빠지면 절대로 헤어나올 수 없다고 생각합니다. 나이가 들면 더 이상 새로운 삶과 새로운 생각이 불가능하다고 생각합니다. 죄를 많이 지은 사람에게는 오로지 지옥이 기다리고 있을 뿐이라고 단정적으로 생각합니다.

반면에 어떤 사람들은 무슨 상황에서라도 인생은 열려 있다고 생각합니다. 복싱경기처럼 아무리 실점을 하고 다운을 당했어도 정신을 바짝 차리고 견디면서 찬스를 기다리면 KO를 부르는 한방의 기회가 온다는 것을 믿는 것입니다.

지금으로부터 2,500년 전 고대 메소포타미아 지역에서도 이 두 가지의 세계관이 함께 공존했다 합니다. 한쪽은 미래를 닫힌 것으로 생각하는 이들이었고, 다른 쪽은 미래를 열린 것으로 생각하는 이들이었습니다. 21세기에 접어든 오늘날에도 이 두 가지의 사고가 아직도 공존하고 있습니다. 그런데 고대나 현대나 공통적인 것은 미래에 대해서 닫힌 태도를 가진 사람들이 더 많다는 것입니다. 물론 이런 내용들 속에는 철학적인 혹은 문화적인 깊은 사연들이 있습니다.

저는 '되어가는 이들'인 여러분에게 '열린 미래관'을 권하고 또 강조하고 싶습니다. 무엇이 열려 있습니까? 첫째는 나 자신의 미래가 열려 있고, 둘째는 다른 사람의 미래도 열려 있으며, 마지막으로 이 세상과 우주의 미래도 열려 있다는 것입니다.

모든 인생은 그 인생을 끝내게 되는 그 시간까지 과정process 중에 있는 것입니다. 수학자이며 철학자였던 화이트헤드Alfred North Whitehead, 1861-1947가 그의 명저『과정과 실제Process and Reality, 1929』에서 이러한 내용을 강조했습니다. 사람들은 시작과 끝을 강조하는 경향이 있지요? 창조를 말하기 좋아하고, 종말천국이나 지옥, 최후의 심판 등을 말하기를 좋아합니다. 그러나 그러한 극단보다도 우리에게 진정으로 중요한 것, 우리가 중요하게 생각해야 할 것은 바로 과정인 것입니다.

비록 나이가 많다 해도 완성된 인생, 완료된 삶이 아닙니다. 어떤 어려움이나 지독한 절망의 사연에 처해 있더라도, 내가 의식을 찾으면 그 자리가 바로 새로운 시작점이 되는 것이지요. 바로 이것이 과정의 의미입니다.

여러분은『그러니까 당신도 살아2,000』라는 책을 지은 오히라 미쓰요大平光代, 1965-라는 일본의 한 여성 변호사의 이야기를 잘 알고 계실 것입니다. 그는 중학교 1학년 때 왕따를 당해 할복자살을 기도했고, 이후에 마약과 폭주족을 가까이하다 결국 16세에 야쿠자의 아내가 되기도 했고, 이후 술집 종업원을 전전하였지요. 그러던 가운데 23세 때 양아버지를 만나서 마음을 바꾸고, 통신대학에서 법학을 공부하고 변호사 시험에 합격했습니다. 오사카 시市의 부시장도 되었고, 지금도 청소년들을 상담하고 있다고 합니다. 물론 이분의 삶의 이야기는 너무나 극단적이며 드라마틱한 이야기요, 우리가 다 이렇게 살 필요는 없습니다. 그러나 이분의 이야기에서 우리가 철저히 공감할 수 있는 것이 바로 "인생은 열려 있다"는 것입니다.

때로 젊은이의 가장 큰 적은 그 젊은이의 부모님이 될 수도 있습니다. 자녀가 실패할 때, 자녀가 잘못할 때, 자녀에게 예기치 못한 불행이 닥쳤을 때, 부모님들은 어떤 행동을 하시는지요? 자녀보다도 더욱 절망하여 자녀 앞에서 한숨을 토하고, "이제 너는 어떻게 한다니?" 라고 말하지는 않는지요? 혹 그런 부모님이 계시다 해도, 여러분 자신은 절대로 여러분의 미래를 단정 짓지 마시기 바랍니다.

"넘어지기는 해도 아예 엎어지지는 않는다."는 말이 있습니다. 넘어지는 것은 인생에서 늘 일어나는 일입니다. 넘어지지 않고는 걸을 수 없고, 뛸 수도 없고, 그리고 당당하게 일어설 수도 없습니다. 사실 넘어질 때마다 더욱 강해지는 것이 인생입니다. 그러나 완전히 엎어져서는 안 됩니다. 여러분! 옛 시절을 시골에서 보냈던 사람은 혹시 소가 얼음판에 넘어진 것을 본 적이 있을 것입니다. 옛날에는 겨울이 되면 강이나 저수지가 꽁꽁 얼었기에 그냥 건너 다녔지요. 그때 소가 얼음판에 넘어지면 그야말로 대책이 없습니다. 얼음판에 넘어진 소는 눈만 끔뻑끔뻑거리고 일어나지를 못하지요. 그런 모습이 바로 '엎어진 것'입니다. 그러나 인생은 열려 있기에 아무리 넘어져도 일어날 수 있습니다. 혹 엎어져 있다면 다시 일어나시기 바랍니다. 지금 여러분이 어떠한 어려움에 넘어져 있더라도 여러분의 미래는 열려 있음을 잊지 마시기 바랍니다.

때로는 자신의 타고난 성격 때문에 절망하는 사람도 있습니다. 성격이란 절반은 부모님의 성격을 그대로 물려받고, 나머지는 원래 부모로부터 물려받은 잠재적 성격 요소들이 성장하는 시절의 환경에 의해서 활성화가 되는 것입니다. 사실 성격은 고치기가 쉽지 않습니다. 그래서 자신의 성격이 부족하여 염려하고 절망하는 사람들이 많습니다. 그러나 자신의 부족한 성격이 있다는 것을 깨닫는 사람은 지금 굉장히 앞서 있는 존재입니다. 나이가 들어도 자신의 성격에 이런 저런 부분이 문제가 있다는 생각을 전혀 하지 않고 그냥 늙는 사람도 참으로 많습니다. 당신이 만약에 자신의 성격에 부족함을 느끼고 있다면 당신은 앞서가는 사람입니다. 또한 그 성격이 형성된 이유는 당신의 부모님의 성격이나 당신의 처했던 환경 때문이지 당신의 잘못 때문이 아닙니다. 느끼고 있기에 언젠가는 당신이 그것을 넘어서게 되는 일이 생길 것입니다.

빅토르 위고의 『레미제라블』을 아시지요? 장발장은 자신을 환대해준 신부님의 집에서 순간의 욕망을 못 이기고 은촛대를 훔칩니다. 그러나 신부님은 그를 용서해 줍니다. 신부님의 용서에는 어떤 의미가 들어있을까요? 바로 장발장의 '열린 미래'를 신부님은 이미 믿었던 것입니다. 장발장도 그 신부님의 마음을 통해서 깊이 깨닫게 되고 훌륭한 사람으로 변화되지요? 바로 그것이 타인의 열린 미래입니다.

우리는 때때로 다른 사람으로 인해서 고통을 겪고 힘들 때를 만납니다. 그 사람의 적대적인 행위로 인하여 잠을 못 이룰 정도로 힘들어하고 분할 때가 있습니다. 그때 우리는 나의 능력만 가지고는 그 사람을 용서하기가 힘이 듭니다. 미안하다는 말이라도 한다면 금세 나의 분노가 사라지고 그 사람을 용서하겠지만, 자신의 잘못을 인정하지 않고, 자신이 잘못한지도 모르고, 나를 적대적으로 대하고 나를 힘들게 하는 그 사람을 너그럽게 대하기는 너무나 힘듭니다. 하지만 이 생각만큼은 하시기 바랍니다. "저 사람의 미래도 열려 있을 것이다." 이 생각은 인간관계로 힘든 여러분의 짐을 조금이라도 덜어줄 것입니다. 여러분이 대하는 모든 사람의 열린 미래를 믿어보세요. 그것이 여러분의 마음에도 큰 위로와 희망이 될 것입니다.

또한 이 사회도 그 미래가 열려 있는 존재입니다. 역사를 믿으세요. 진리를 믿으세요. 혹 사회로부터 손해를 당해본 아픈 기억이 있으십니까? 역사에는 자정능력自淨能力이 있습니다. 지금 당장에는 올바른 길을 가는 당신이 손해를 보고 고통을 당해야 하는 세상이지만, 언젠가 여러분의 자리에도 놀라운 변화가 올 것이며, 우리도 언젠가는 그 변화의 모습을 볼 수 있을 것입니다.

바로 이것이 열린 미래입니다. 맹자의 '성선설性善說', 순자의 '성악설性惡說'을 들어보셨지요? 이 말의 철학적인 유래나 깊은 의미를 말하려면 지면이 허락하지 않을 것입니다. 그러나 분명한 것은 인간의 본성이 선하기에성선설 아름다운 교육을 통해서 그 선한 마음을 이끌어내는 것education이 참 교육인 것입니다. 또한 인간의 본성 안에 악함이 들어있기에성악설 알맞은 교육을 통하여 그 악함을 잘 다스리게 하여 사람을 올바른 길로 인도할 수 있는 것이 참 교육인 것입니다.

온 우주, 모든 존재는 과정 중에 있습니다. 모든 존재의 미래는 열려 있기에 희망적인 길로 갈 수 있습니다. 우리 모두의 열린 미래를 향해 건배합시다. 그 열린 미래를 향해 오늘도 되어가는 존재는 자기 자신에게 이렇게 말합니다. "나는 너를 사랑하며, 오늘도 너를 향해 나아가고 있다."고 말입니다.

07

왕소군(王昭君)

중국 역사에서 가장 아름다웠던 여인은 4명으로 대표되는데, 이름하여 4대 미인-서시, 왕소군, 초선, 양귀비-이라고 한답니다. 정확하게 자료를 제시할 수는 없지만 제가 배웠던 것을 말해 보겠습니다.

서시西施는 중국 춘추시대 월나라越國의 미녀입니다. 나무꾼의 딸로 평범한 집안에서 출생하였지만 뛰어난 미모를 타고났기에 많은 남자들이 그녀에게 연정을 품었습니다. 같은 마을에 사는 여인들은 최고의 미인 서시가 하는 모습을 흉내 내면 자신도 아름다워 보일 것으로 생각하고 앞다투어 서시의 행동거지를 흉내 내었다고 합니다. 그런데 서시는 어떤 병을 앓고 있어서 항상 얼굴을 찡그리는 경우가 많았는데 사람들이 그 모습까지 흉내를 내었다는 것입니다. 빈축嚬蹙, 찡그릴 빈, 오그라들 축이라는 말이 여기에서 나왔다 합니다. 서시의 미모가 어느 정도였나 하면, 서시가 어느 날 손수건을 빨 때 우물의 금붕어들이 서시의 미모를 보고 그 우물에 가라앉아 버렸다 하여 침어沈

魚라는 용어가 또한 생겼다고 합니다.

왕소군王昭君의 미모는 새기러기가 왕소군을 보고 너무 예뻐서 떨어져 죽었다 하여 낙안落雁, 혹은 落鴈이라는 말이 생겨났다 하고요. 초선貂蟬은 삼국지에 등장하는 미인으로 달이 그녀의 미모를 보고 부끄러워 숨었다 하는 폐월閉月이라는 말의 주인공이고요. 양귀비楊貴妃, 719-756는 확실한 역사적 인물로 당나라 현종 때의 미인이었는데, 꽃도 양귀비를 보고 부끄러워했을 정도라 하여 수화羞花라는 말이 생겼다 합니다.

미인이란 당대의 문화코드와 관계되어 있으며 절대적인 기준이 없지요. 서양의 미의 화신인 비너스Venus의 그림이나 형상도 구석기 시대부터 여러 모습으로 시대에 맞게 표현되었던 것과 같습니다. 그리고 외모만으로가 아니라 그 사람과 얽힌 이야기나 사연이 그 미인을 기억에 남는 인물로 만드는 것 같습니다.

이번에 우리가 함께 생각해 볼 왕소군王昭君은 우선 비운의 인물입니다. 그녀는 한漢나라 시절에 흉노匈奴의 두목에게 시집을 갔습니다. 흉노의 침입에 고민하던 한나라 원제가 후궁 중 한 사람을 뽑아서 흉노에게 보냄으로 흉노족과 화친하였던 것입니다. 흉노족은 강력한 북방기마민족으로 당시 중국을 위협했던 존재였습니다.

아마도 황제의 후궁에서 소위 오랑캐라 불리는 흉노와 살아야 했던 이런 비운의 여건이 왕소군이라는 미인을 더욱 사연 깊은 사람으로 만들었나 봅니다. 사연이라는 것은 역사가 진행되면서 점점 더 드라마틱하게 완성되는 경향이 있지요.

후한後漢 시대의 작품인 『서경잡기西京雜記』에 왕소군의 사연이 잘 묘사되어 있습니다. 당시 한나라의 황제는 원제元帝, B.C. 76-B.C. 33였는데 후궁이 너무나 많아서 일일이 후궁들을 확인할 수가 없었습니다. 그래서 원제는 화공畵工으로 하여금 후궁들의 초상화를 그리게 하여 그 그림들을 보고 후궁을 불러들였습니다. 그러한 과정에서 화공은 후궁들로부터 뇌물을 받고는 초상화를 더 예쁘게 그려주었다고 합니다. 요즘 같으면 돈 별로 안들이고도 사진 파일을 얼마든지 더 좋게 수정할 수 있을 텐데 그 시절에는 화공의 붓이 절대적인 변수였던 것입니다.

우리의 주인공 왕소군은 화공에게 뇌물을 주지 않았습니다. 그러자 화공은 당대 최고 미인인 왕소군의 얼굴을 다른 사람보다 못하게 그렸습니다. 그리하여 왕소군은 황제의 부름을 전혀 받지 못합니다. 황제는 흉노족의 수장에게 후궁을 주어야 할 상황이 생기자, 화공이 그려놓은 그림책을 보면서 그저 그런 여인을 골라 넘겨주기로 결정하지요. 그 그저 그런 여인의 그림의 장본인이 바로 왕소군이었던 것입니다.

흉노가 떠날 때 황제는 그들을 전송하는 가운데 흉노와 같이 가게 되는 왕소군을 보게 됩니다. 왕소군의 모습을 처음 보는 순간 황제는 상사병에 걸릴 정도로 왕소군의 미모와 태도에 넋을 잃습니다. 이미 상대국과 약속한 터이라 그 약속을 파기할 수는 없었습니다. 왕소군은 중국인이 오랑캐라 부르던 흉노족과 함께 중국을 떠나게 되었던 것입니다. 황제는 분노하여 뛰어난 미인 왕소군을 그저 그렇게 그린 화공 모연수毛延壽의 목을 베었다 합니다. 바로 이러한 사연이 중국 역사 내내 왕소군이라는 사람을 비운의 인물로 생각하게 하고, 드라마를 통해서, 문학작품을 통해서 표현되었습니다. 저도 제가 가진 『고문진보古文眞寶』라는 책에서 이태백이 왕소군에 대해서 지은 시를 읽어본 기억이 납니다.

왕소군의 이야기가 검증된 실화이든 아니든 그것은 중요한 것이 아닙니다. 이미 이야기로 우리들에게 전해오는 사연 속의 그 왕소군의 이미지가 모든 사람의 마음속에 남아있다는 바로 그것이 중요합니다.

저는 이 이야기를 학생들과 나누다가 어느 학생의 제안으로 이야기에 나오는 등장인물들을 평가해 보기로 한 적이 있습니다. 여러분들도 한번 해보세요. 각 인물의 가치를 평가하고, 선악을 논해 보는 것입니다. 우선 등장인물들은 왕소군, 황제, 화공, 다른 후궁들, 흉노의 우두머리 등을 말할 수 있지요. 각 사람의 입장에서 이 이야기를 다시 구성하면 아주 재미있고 대화할 주제들이 막 생겨납니다.

흉노의 우두머리는 얼떨결에 대박을 터뜨린 사람입니다. 웃기는 학생 중 하나가 자기는 흉노가 되고 싶다고 해서 모두가 웃었지요.

이 중에서 누가 제일 나쁘다고 생각되시나요? 화공이 나쁘다고 말한 학생이 가장 많았습니다. 그 다음에 황제가 나쁘다는 사람도 많았지요. 화공은 뇌물, 부패와 관계되는 사람입니다. 자기의 자리나 위치를 최대한 이용해서 그것으로 자기의 이익을 챙기려는 사람입니다. 그런데 중요한 것은 인물이 못한 사람을 좀 더 예쁘게 그려주는 모습 정도는 이해해 줄 수 있지만, 돈을 안 냈다 하여 왕소군을 실물보다 더 못나게 그렸다는 점이 화공의 너무나 악한 모습이라고 생각된다는 것입니다. 이 세상에는 그런 화공과 같은 모습들이 아직도 많지요. 살다 보면 화공 같은 사람을 여러 번 경험하게 됩니다.

황제도 당연히 나쁜 사람으로 평가됩니다. 자신의 힘과 위치를 이용해서 독점하고 누리는 권력자이지요. 자기만은 최고를 누리고 살아야 된다고 생각하는 사람이지요. 그리고 그것 중 하나를 잃었을 때 가차 없이 다른 이를 처치해 버리는 매몰찬 사람입니다.

그런데 어떤 예리한 학생은 당시의 후궁들이 오히려 잘못된 사고의 사람들이었다고 비판합니다. 후궁들이 모두가 똑같이 돈을 내지 않았다면 화공이 정신을 차리고 원칙대로 그림을 그렸을 것이라는 말입니다. 몇 명이 자기의 사욕을 위해서 비리를 행한 것이 나쁜 관례로 자리잡아 버렸다는 것이지요. 다른 후궁들이 "우리는 그렇지 않다."는 것을 보여주었다면 화공의 비리도 없었을 거라는 말입니다.

어떤 학생은 당시 한나라 황실 자체의 제도 전체를 부인합니다. 그런 모습과 그런 환경 자체가 비민주적이라는 것입니다. 당연히 맞는 말입니다.

이런 저런 이야기를 듣고 저는 말했습니다. 제가 말했던 내용입니다.

삶이 있는 곳에는 항상 비리非理가 있습니다. 당시에는 완벽해 보였던 그 어떤 제도도 현대의 눈으로 보면 문제가 보입니다. 그러나 전체를 다 충족시킬 수는 없지만, 시대를 아우를 수 있는 한 가지만은 분명할 것 같습니다. 이야기에서 묘사된 왕소군만큼은 분명히 제대로 된 사고의 사람이었다는 것입니다. 물론 최고 미인으로서 자존심도 있었을 것으로 생각됩니다. 자존심 강한 중국 사람들의 정서와 왕소군의 이야기가 맞아 조화를 이루었을 것입니다.

그러나 그런 현실적인 추측을 떠나 아주 단순하게 생각해서, 왕소군은 시대의 부조리에 동조하지 않은 사람입니다. 모두가 눈치껏 비리를 행하는 세상에서 비리를 용납하지 않고 자기의 길을 간 것입니다. 그래서 황제의 선택을 받은 여인이 되지 못하고 오랑캐의 부인으로 이방 땅에서 살아야 했습니다.

춘래불사춘春來不似春-봄은 왔는데 봄이 온 것 같지가 않다는 말입니다-이라는 말도 왕소군이 한 말이라 합니다. "봄은 왔으나 봄 같지 않구나." 라는 말은 왕소군이 흉노 땅에서 살 때 봄이 왔는데도 고향 땅의 봄 같지가 않아서 더욱 고향을 그리워하게 된다는 왕소군의 서러움과 그리움의 마음이 표현된 것이라고 합니다. 물론 드라마 속의 이야기이지만, 올바른 길을 지킴으로써 혜택을 받지 못한 왕소군은 비운의 여주인공입니다.

그러나 각도를 바꾸어 생각해 보시기 바랍니다. 왕소군이 뇌물을 주고 화공이 그림을 예쁘게 그려서 이후 황제의 사랑을 받게 되어 왕비가 되는 것하고, 2천 년이 넘는 시간 동안 수많은 사람들이 왕소군을 생각하고, 안타까워하고, 왕소군을 정신적으로 사모하는 이 엄청난 역사하고 무엇이 더 귀중할까요? 과연 역사에 등장하는 왕비, 사람들이 기억하는 왕비가 몇이나 되는가요?

왕소군이 타협하지 않고 꿋꿋하게 살아간 그 사연이 중국 역사를 통해서 사람들에게 전설로, 아쉬움으로, 드라마와 노래로, 아름다운 시로 대대로 전해져 왔습니다. 아무리 진리의 길을 간다 해도 아무도 알아주지 않는다고요? 맞습니다. 그러나 분명코 때가 되면 모두가 알게 됩니다. 지금은 남들이 나의 진실됨을 모르겠지만, 사실 나의 꿋꿋함을 하나님이 알고 계시고, 온 산천이 다 알고 있습니다.

타락한 세상을 탓하지 맙시다. 이 세상의 잘못된 관행과 제도를 분하게 생각하지 맙시다. 거짓말 잘하는 사람이 출세하는 것을 보며 답답해하지 맙시다. 그리고 〈여인의 향기〉에서의 찰리처럼 자기가 선택한 옳은 길을 가는 사람이 되는 것이 우리에게는 가장 중요한 것입니다. 그 옳은 길이 언젠가는 반드시 빛나게 될 것이며 훨씬 더 가치 있고 의미 있게 인정받을 것입니다.

되어가는 존재는 잠시 살다 가는 존재가 아닙니다. 그것은 어쩌면 영원히 존재하는 것, 그리고 대를 이어 존재하는 것이기도 합니다. 나에게 아름다웠던 과정이 있다면 그것은 결코 이 땅에 묻혀버리지 않습니다. 그 어떤 경로를 통해서든 이 땅에 남고, 또 남고, 그리고 전해집니다. 그런 과정의 주인공이 되시기를 바랍니다.

08

좋은 씨와 좋은 땅

요즘 세상은 제가 성장했던 시대와는 너무나 다르게 놀라운 모습으로 변했습니다. 저나 저보다 한 세대 정도 선배 되시는 분들은 인류의 역사에서 가장 큰 변화를 직접 경험하며 살게 되는 혜택?을 받은 사람들입니다. 지나간 50여 년 동안에 인류는 5천 년 동안 해내지 못했던 놀라운 발전과 변화를 이루었기 때문입니다.

이러한 여러 가지 변화 중에 하나가, 학생이나 청년의 입장에서 볼 때, 정보와 자료의 공유라 할 수 있을 것입니다. 여기서 말하는 자료는 공부 자료, 취업 자료, 입시 자료 등을 비롯한 모든 자료를 통틀어 일컫는 것입니다.

옛날에는 자료를 얻을 수 있는 사람과 자료를 얻지 못하는 사람으로 나누어 생각할 수 있을 정도로 자료를 구하는 것이 어려웠습니다. 국내 대학에서 박사학위 논문을 쓰려면 공부는 국내에서 하지만, 논문을 준비할 때는 자료 때문에 외국에 다녀와야 했습니다. 미국이나 영국에 가서, 직접 학교를 방문해서, 그 학교 도서관에 허락을 받아 들어가서, 필요한 자료를 복사해 와야 했습니다. 그러나 이제는 신용카드만 있으면 그 모든 일들을 온라인으로 다 할 수 있습니다. 또 상당수 자료는 인터넷으로 얻을 수도 있습니다. 지방자치제가 되어서 전국 어느 지역이든 도서관이 잘 만들어져 있습니다.

저는 고등학교를 대구에서 다녔습니다. 그 시절에는 방학이 되면, 서울에 가서 하숙집이나 친지의 집에서 숙식을 하면서, 종로나 노량진에 가서 유명 학원강사의 강의를 듣는 사람들도 있었습니다. 그런 일은 집안에 경제적인 여유가 있어야 가능한 일이었지요. 공부에 관심 있는 학생들은 서울에서 강의를 듣고 돌아온 그 학생의 노트를 빌려 베끼기도 하였습니다.

지금은 인터넷을 통해서 전국에서 가장 유명한 강사의 강의를 산골짜기에서도 볼 수 있고, 참된 삶을 가르쳐주는 훌륭한 분들의 강연도 동영상으로, 블로그로, SNS로 검색하여 접할 수 있습니다.

그야말로 요즘 세상을 말하라면, 가난해서 공부 못 한다는 말은 안 해도 될 듯합니다. 본인이 노력할 수만 있다면 누구든지 공부할 수 있는 여건이 되었다는 것만으로도 우리는 이 시대가 옛날보다 나아졌다고 말할 수 있을 것입니다. 아직도 이 글을 읽는 분들 중에는 집안이 좋아야 나도 잘되며, 과외를 많이 해야 공부도 잘한다는 생각을 하는 분들이 있으리라 생각합니다. 집안이 좋고 부모님이 좋으면 남보다 더 잘살고, 남보다 공부를 더 잘해서 좋은 학벌을 가질 수 있습니다. 맞습니다. 맞고요. 그러나 분명한 것이 하나 더 있습니다. 금수저가 부럽기는 하지만, 지금 이 시대가 옛날보다 더 많이 평등

해진 사회임을 결코 잊지 마세요. 내가 열심히 공부할 수 있는 의지만 가지게 되면, 혹 내가 집안이 가난하고 부모님의 뒷받침을 못 받는다 해도 나는 반드시 일어설 수 있습니다.

사실 열심히 하려는 의지가 부족한 사람에게는 좋은 부모님이 필요합니다. 안 하려 해도 부모님이 할 수 있도록 데리고 다니고, 과외시켜 주니까요. 입시가 다가오면, 그래도 이것만이라도 하면 대학은 간다 하시며, 짧은 준비 기간 동안이라도 비싼 강사를 불러서 시험문제 푸는 요령이라도 배울 수 있으니까요. 그러나 열심히 하려는 의지가 없는 사람에게 좋은 부모님마저 안 계시다면, 그는 다른 사람에 비해서 좋은 결과를 얻기가 어려울 것입니다.

중요한 것은 나의 의지입니다. 가르침을 찾겠다는 의지, 어디에서든 배우겠다는 의지, 훌륭한 사람을 보고 그 사람의 모습을 본받아보겠다는 의지만 있으면, 그 누구든지 반드시 놀라운 역사를 이룰 수 있습니다. 이것은 인류의 역사가 증명해 주고 있는 엄연한 진리입니다.

이제부터 잘 들어주시기 바랍니다. 고대 근동 지방은 농사를 짓는 방법이 우리나라랑 좀 달랐다 합니다. 우리나라는 밭을 갈고, 그 다음에 이랑에 씨를 심습니다. 그런데 고대 어느 지방에서는 먼저 씨를 쫙 뿌린 다음에 밭을 갈았다고 합니다. 우리나라처럼 아기자기하게 밭을 다 간 다음에 씨를 뿌리면 씨가 다른 데로 흩어져서 낭비되지 않지요. 그런데 그 지역은 먼저 씨를 뿌린 다음에 밭을 갈기 때문에, 씨가 밭 주변의 다른 곳까지 날아가 버릴 수 있게 됩니다. 씨가 밭 한가운데 좋은 땅에 뿌려지지 않으면, 그 씨는 제대로 자라지 못하게 되어 낭비되는 것입니다. 먼저 씨를 쫙 뿌리기 때문에, 일부 씨가 밭 옆에 있는 돌밭에 떨어질 수 있습니다. 돌밭은 씨가 편안하게 싹이 트고 자랄 수 있는 여건이 안 되지요. 또한 가시밭에 떨어질 수도 있습니다. 가시에 떨어지는 씨는 싹은 트지만, 곧바로 가시들에 찔려서 제대로 자랄 수가 없습니다. 일부분의 씨가 길 근처로 날아가 버리면, 밟힐 수도 있고 새들이 먹어버리기도 합니다.

이런 지역에서의 씨는 운이 나쁘면 밭을 벗어나 길가, 돌밭, 그리고 가시덤불 사이에 뿌려질 수 있는데, 그런 씨들은 자라나지를 못하는 것입니다. 그렇지만 밭에 무사히 떨어진 씨들, 좋은 땅, 비옥한 땅에 떨어진 씨들은 잘 자라나게 됩니다. 자라나기만 하는 것이 아닙니다. 이후에 열매를 맺게 되지요. 어떤 열매는 씨보다 30배, 60배, 혹은 100배나 되는 결실을 하게 됩니다.

여러분! 이 '씨 뿌리는 이야기'를 잘 생각해 보시기 바랍니다. 원래 중요한 이야기는 재미있게 표현할 수가 없습니다. 혹 흥미가 떨어지더라도 집중해서 생각해 보세요.

씨라는 것은, 아주 좋은 것을 말합니다. 그러나 씨에서는 아직 눈에 확실하게 그 결과가 보이지는 않습니다. 그러나 농부는 씨만 보면 척 알지요. 이 씨는 볍씨다. 이 씨는 수수다. 조다. 이 씨는 수박이다. 참외다. 그러나 농부가 아닌 사람들은 씨를 보아도 별 감정이 없습니다. 꽃을 심고 가꾸는 사람들은 꽃씨만 보더라도 흥분합니다. 이것들을 화단에 뿌리면 무슨 무슨 꽃들이 아름답게 피어 화사해질

자기 집 마당이 눈앞에 금세 보일 듯하기 때문입니다. 그러나 모르는 사람은 꽃씨를 보아도 도저히 그런 생각을 할 수가 없기에 무감각한 것입니다.

씨만 있으면 놀라운 생명의 역사가 시작될 수 있습니다. 씨에는 생명이 들어있지요. 씨는 아주 귀한 것입니다. 문익점文益漸, 1329-1398을 아시지요? 고려 말에 우리나라 땅에 목화를 도입하여 재배에 성공한 사람입니다. 이 땅의 민족에게 아주 귀한 일을 이루신 분이지요. 만약에 문익점이 원나라에 갔다가 돌아오는 길에 붓두껍 안에 목화씨 몇 개를 몰래 넣어 가져올 때 그것을 빼앗겨 버렸다면, 우리 민족이 목화를 사용할 수 있는 시대가 연기되었을 것입니다.

그런데 이렇게 귀한 씨는, 좋은 땅에만 떨어지면, 싹이 나고 열매가 열린다는 것입니다. 이 말을 꼭 명심하시기 바랍니다. 씨와 땅입니다. 씨만 있으면, 그리고 그 씨가 좋은 땅에만 떨어지면, 놀라운 생명의 역사가 일어나는 것입니다.

문익점의 목화씨처럼, 이 땅에 없던 아주 귀한 씨를 가져와서 이 땅에 새 역사를 쓰는 것은 너무나 귀한 일입니다. 그러나 그렇지 않더라도 좋은 씨가 좋은 땅옥토에 뿌려지면 좋은 열매가 30배, 60배, 100배라는 엄청난 결과로 나타난다는 것이지요. 30, 60, 100이라는 숫자는 예기치 못한 엄청난 결과라는 의미입니다.

다시 말씀드리자면, 좋은 씨와 좋은 땅옥토만 있으면 놀라운 수확이 생겨납니다. 그런데 잘 생각해 보세요. 제가 서두에서 말한 것처럼, 요즘 시대에는 좋은 씨가 없어서 힘든 것이 아닙니다.

좋은 씨는 어디에든 있습니다. 잘살지 않아도 좋은 여건에 살지 못해도 좋은 씨를 발견할 수 있고 접할 수가 있습니다.

좋은 책 안에는 귀한 씨앗들이 무수히 들어 있습니다. 훌륭한 삶을 사셨던 분들의 강연 동영상을 한 편만 보아도 정말로 귀한 씨앗을 구분해 낼 수 있지요?

사법고시나 행정고시 등을 비롯해서 어려운 시험을 잘 치른, 혹은 대학입시나 취업 시험을 잘 치른 선배들의 경험담이 책으로, 동영상으로 다 나와서 공개되어 있습니다.

현재 이 시대를 아름답게 이끌어가고 있는 사람들의 인생관과 강의가 책으로 동영상으로 이미 다 나와 있습니다.

혹 학교에서 수업시간에 인생교육을 해 주시는 선생님이나 교수님의 의미 있고 열정적인 강의를 애써 외면하던 기억은 없습니까? 사실은 그것이 귀한 씨앗들인데 말이지요.

요즘 시대에 중요한 것은 좋은 씨가 있다 없다가 아닙니다. 좋은 씨앗은 도처에 있습니다. 문제는 그 씨앗을 심고 싹을 내고, 열매를 맺을 마음의 밭, 마음의 땅이 없다는 것이 문제입니다.

혹 이 글을 읽는 이들 중에 대학을 안 다녔거나 명문대를 나오지 못한 젊은이들이 있다면 제가 지금 하는 이야기를 잘 생각해 보세요. 명문대에는 훌륭한 교수님들이 많이 있기에 좋습니다. 그런 좋은 교수님들의 강의를 들을 수 있는 것이 바로 명문대의 장점이지요. 그런데 지금은 전 세계 최고의 대학에서 행해진 강의 전체가 인터넷에 고스란히 다 올라옵니다. 조금만 수고하면 그런 최고의 강의들을 다 들을 수 있지요. 유투브에는 재미있고 선정적인 영상들만 있는 것이 아닙니다. 아주 유익한 최고 수준의 강의들이 수없이 많이 올려져 있습니다. 이런 것들을 귀한 것으로 알고 찾아 내 것으로 받으면 돈 안 들이고도, 비싼 등록금을 안 내고도 아이비리그 수준 대학의 모든 과정들을 다 배울 수도 있습니다.

옛날에는 실력이 부족해도 좋은 학벌이 있으면 버틸 수도 있었지요. 이제는 학벌만 가지고 이 세상을 결코 버티지 못합니다. 실제 본인의 능력이 더 중요한 시대가 되어가고 있지요. 인터넷에는 지식이나 정보나 공부만 있는 것이 아닙니다. 음악이나 미술 같은 예술을 비롯한 각종 정보가 인터넷에 들어 있습니다. 돈이 안 듭니다. 이게 중요합니다. 옛날에는 돈이 없으면 이런 정보 자체에 접근할 수가 없었지요. 이제는 귀한 것을 알아볼 수 있는 능력이 있고, 잘 찾을 수 있으면 그의 눈에 그 귀한 것들이 들어오게 되는 것입니다.

사실 제가 제일로 아름답게 보는 장면이 하나 있습니다. 대학을 나오지는 못했지만 꾸준히 책을 읽는 사람의 모습입니다. 평상시에 책을 읽을 수 있는 마음이 있다면 그 사람에게는 학벌보다도 훨씬 더 높은 스펙이 갖추어져 있는 것이지요. 책 읽기가 일상이 된 사람은 진정 스스로 좋은 씨를 찾아낼 수 있는 사람입니다. 책 읽기가 일상이 된 사람은 사실 돈 내며 학교에 다닐 필요가 없습니다. 이미 그 사람은 자기의 삶에서 무엇이 중요하며 어디에 중요한 것이 있는지를 아는 존재요, 좋은 씨를 알아볼 수 있고 찾아낼 수 있는 사람이지요.

요즘 젊은이들을 대하다 보면, 젊은이들이 분명히 구분됨을 느낍니다. 한 부류는 무엇인가 중요한 것을 보거나 중요한 이야기를 듣거나, 정보를 알게 되었을 때, 감동적인 느낌을 가졌을 때, 그것을 반드시 노트나 수첩에 적거나 휴대폰으로 저장을 한 뒤, 입으로 마음으로 되새겨서 소중한 자기의 것으로 만들어 간직하는 사람이지요. 다른 부류는 좋은 씨앗을 접하게 되었을 때 "야! 이것 참 좋은 씨앗, 좋은 것, 좋은 정보구나!"라는 생각은 하면서도, 그냥 지나쳐 버려서, 시간이 지난 이후에 기억이 가물거리기는 해도 정확히 생각해내지 못하는 사람들입니다. 마지막 부류는, 자기가 접하거나 알게 된 좋은 씨앗을 그것이 좋은 것인지 나쁜 것인지도 생각해 보지 못하고 무심코 지나쳐 버리는 사람들입니다.

이 세상에, 우리들의 삶의 자리에 좋은 씨앗이 없는 것이 아닙니다. 이것들은 도처에 있습니다. 문제는 우리의 마음이 좋은 땅이 되지 못해서, 옥토가 되지 못해서, 그 좋은 씨앗을 놓쳐버리는 데 있는 것입니다. '씨 뿌리는 이야기'에서 씨가 길가나, 돌밭이나, 가시덤불에 뿌려지는 경우와 같은 모습입니다.

부모님으로부터 좋은 것을 물려받은 사람은 복 있는 사람이지요. 부모님이 부유하고, 부모님이 똑똑하고, 부모님이 예술가이고, 부모님이 운동선수이면 자녀는 저절로 부모님의 것을 물려받게 됩니다. 그러나 혹 그런 것이 없다 해도 내 마음이 좋은 땅만 되면, 내가 물려받을 것이 이 세상에는 아주 많습니다. 이것을 잊지 마세요. 평상시에는 모르고 살지만 천체 망원경을 통해 하늘을 볼 때 이 우주가 너무나 광활하며 아름다운 별들로 꽉 차있음을 알게 되지요? 볼 수 있는 눈이 열리면 도처에 널려있는 좋은 씨, 귀한 씨를 볼 수 있게 됩니다.

사업을 잘하는 사람에게는 도처에 돈 벌 수 있는 일이 보인다고 합니다. 마찬가지입니다. 우리의 눈, 마음의 눈이 열리고, 우리 마음의 토양이 개방되면, 귀하고 중요하고 의미 있는 좋은 씨앗들이 나의 시야에 들어오게 됩니다. 그 씨앗을 잡아야 합니다. 우리들의 마음의 밭에 그것을 심어야 합니다. 천지의 이치는 너무나 오묘해서 일단 씨앗이 좋은 땅에 심겨지면 특별한 악재가 없는 한 그 씨앗은 싹을 내고 결실하게 됩니다.

이 세상의 모든 좋은 씨앗을 다 알아보지 못해도 됩니다. 여러분이 좋아하는 일, 여러분 자신이 의미 있게 생각하는 일과 관련되어 있는 좋은 씨앗만 볼 줄 알아도 결과가 아주 달라집니다. 추구하는 자의 눈에는 좋은 씨앗이 보입니다. 연예인이나 스포츠 스타 한 사람만 좋아해도 그 사람의 모든 것이 아주 사소한 것이라 할지라도 나에게 한눈에 다 다가오고 잘 보이지요? 귀한 씨앗을 보고자 하는 마음이 되면, 귀한 것들이 하나씩 둘씩 보이게 됩니다. 그것을 보고, 그것을 마음이라는 나의 밭, 옥토에 받아들이면 그것들은 힘 있게 싹을 낼 것이고 어느 날엔가 깜짝 놀랄 엄청난 열매를 맺게 될 것입니다.

어느 위대한 사람이건 자기 홀로 일어선 사람은 없습니다. 먼저 앞서간 수많은 선배들로부터, 같은 시대를 사는 동료들로부터, 늘 만날 수 있는 학교 선생님으로부터, 그리고 세상의 되어가는 모습으로부터, 배우고 깨닫고, 그리고 그 배운 것보다 더 높이 날아 아름다운 역사를 이루는 것이지요. 고개를 돌려 나에게 좋은 씨앗을 전해줄 사람이 누군가 찾아보세요. 반드시 있습니다. 도서관에 가서 꽂혀있는 장서들을 보면서 이 안에 나에게 맞는 좋은 씨앗을 전해줄 사람이 있다고 믿으며 책들을 바라보세요. 그리고 골라 읽으세요. 땅만 좋으면 그 어떤 씨앗도 그 안에서 자라나 열매를 맺을 수 있습니다.

저는 되어가는 과정 중에 있는 청년들에게 간혹 이런 말을 합니다.

"여러분, 요즘 금수저 혹은 흙수저라는 말을 자주 하지요? 그런 말이 어느 정도 사실이기는 하지만, 저는 그런 말이 절대적이라고는 전혀 생각하지 않습니다. 왜냐하면, 지금 이 순간에도 내가 조금만 관심을 가지고 살펴보면, 나를 도와줄 수 있는 것들, 내가 평생을 버텨낼 수 있는 힘을 줄 수 있는 것들이 도처에 있기 때문입니다. 그런 것들을 볼 수 있는 시야를 가질 수 있는 젊은이야말로 진정 금수저를 붙잡고 있는 사람이지요."

세상이 불공평하다고 원망하지 마세요. 부모님을 잘 만나지 못했다고 실망하지 마세요. 삶에서 정말로 중요한 것은 여러분들의 마음의 땅입니다. 그 안에 그 무엇이 심기든 잘 자랄 수 있는 그런 마음이 있으면, 이 세상 도처에서 귀한 씨앗들이 여러분들의 눈에 보이게 될 것입니다. 그리고 그 씨앗들이 여러분의 내면의 밭에 뿌려져서 깜짝 놀랄 엄청난 열매를 맺게 될 것입니다.

이야기를 맺습니다. 자산資産에는 눈에 보이는 자산visible property과 눈에 보이지 않는invisible property 자산이 있습니다. 눈에 보이는 자산은 돈, 귀중품, 땅 같은 것이고요, 보이지 않는 자산은 재능, 지식,

가치, 예술, 사상, 아이디어… 등등을 말하지요. 눈에 보이는 자산만 자산이라고 생각하며 그것이 있으면 행복하고 그것이 없으면 불행하다고 생각하는 사람은 발전하지 못하는 사람이거나 루저loser가 될 가능성이 높은 사람입니다. 눈에 보이는 자산의 범위는 한정되어 있지만, 눈에 보이지 않는 자산의 범위는 무한합니다. 여러분은 정해진 것에 집착하고 싶은가요? 아니면 무한한 것을 더 보고 또한 더 활용하고 싶은가요? 좋은 씨앗은 아무 눈에나 다 인식되지 않습니다. 그것을 볼 수 있는 눈, 그것을 알 수 있는 마음을 갖추세요.

이런 일들을 하나씩 둘씩 경험하게 되면 좋은 씨를 받아들이게 될 뿐 아니라, 나 자신도 좋은 씨를 나누고 전해줄 수 있는 사람이 되어 수많은 후배를 양성할 수도 있게 됩니다. 평생을 되어가는 존재로 사는 이들은 다른 이들에게 자신이 만들어놓은 좋은 씨를 나누어 줄 수 있게 되지요. 좋은 씨는 그것을 알아보는 사람들에게 전해지는 특성이 있기 때문입니다.

09

왜(Why?)를 생각하세요

오래 전 제가 대학원을 다닐 때였습니다. 그때 상담에 관한 과목을 가르치셨던 한 교수님이 계셨습니다. 방송에도 여러 번 출연하셔서 널리 알려지신 분이고, 저도 많은 것을 그분께 배웠으며, 인격도 참 좋으신 분입니다.

수업이 시작되어 먼저 출석을 부르실 때, 교수님은 우리들에게 "예! 라고 대답을 하면서 교수님과 눈을 마주치고 약 3초 정도 있어야 한다."고 말씀하셨습니다. 처음에는 어색했습니다. 우리는 어려서부터 군사부일체君師父一體를 중요한 마음가짐으로 생각하며 자랐기에 교수님의 눈을 똑바로 쳐다보는 것이 죄송하기도 했던 것입니다. 그러나 곧 익숙해졌고, 교수님이 왜 그것을 원하셨는지를 느끼게 되었습니다. 단순한 출석체크가 아니라 교수님과 학생이 서로 교감할 수 있는 수업을 출석체크 때부터 생각하라는 메시지가 있었던 것입니다.

출석을 부르다가 결석한 학생이 생기면, 교수님은 그냥 결석체크를 하지 않으셨습니다. 그 부분이 다른 교수님들하고는 많이 다르신 부분이었습니다. 교수님은 아무개의 이름을 부르신 후, 그 학생의 대답이 없으면, 바로 우리들에게 다음과 같은 질문을 하셨습니다. "여러분! 아무개 학생이 왜 오늘 안 나왔을까요?" 결석한 학생에게도 관심을 가지라는 가르침으로 알고 우리는 각자 생각하는 바를 말했습니다. "혹 몸이 아픈 건 아닐까요?", "아닙니다. 지금 오고 있는데 교통 체증 때문에 늦는 것 같습니다." 등등의 말을 우리가 한마디씩 하자, 교수님은 다음과 같이 말씀하셨습니다.

"중요한 것은 왜why?라는 것입니다. '왜'라는 말을 사람에게 하게 되면 그 사람을 더 잘 이해할 수 있게 됩니다. 그냥 결석했다고 하는 것보다는 "그가 왜 결석했을까?"를 함께 생각해보면 좀 더 그 사람에게 다가서게 되는 것입니다."

누군가가 나에게 실례를 하거나 상식에 어긋나는 행동을 할 때, 우리는 분노하게 되고, 그 사람의 인격을 무시하는 마음을 갖게 됩니다. 그렇지만 그런 마음을 갖기 바로 전에 왜why?를 한 번씩 생각해 보시기 바랍니다. 그러면 이전보다는 그 사람을 생각하는 당신의 마음이 후해짐을 느끼게 될 것입니다.

그 교수님에게 우리는 귀한 것들을 많이 배웠습니다. 그중에서 왜why?라는 질문은 저 자신이 좀 더 넓게 생각할 수 있는 방법을 가르쳐 주었습니다. 누군가를, 어떤 사람을 이해하게 되면, 간혹 그 사람의 이상한 행동도 이해할 수 있게 되는 것입니다.

오래 전에 대학생들을 인솔하여 장봉도라는 서해안의 한 섬에 수

련회를 간 적이 있었습니다. 그때 그곳에는 지적장애인이 함께 지내는 특수교육기관이 있었습니다. 거기에 수용되어 있는 사람들은 전원 다 남자로서 가장 어린 사람이 18세였고, 40대까지 있었습니다. 모두가 성인의 나이지만 지능은 다섯 살 정도의 수준이었습니다.

수련회 첫날! 원장님으로부터 여러 가지 사항을 배웠고 오리엔테이션도 했지만, 40대의 아저씨인 지적장애인이 여학생에게 다가와 손을 잡았을 때, 몇몇 여학생들은 무섭다고 비명을 지르며 도망을 갔습니다. 당연한 일이었지요. 그래서 다시 모여서 "비록 그 사람들이 40대 아저씨, 20세 넘는 성인들이지만 정신은 다섯 살짜리 아이임을 이해하고, 다시 손을 잡자고 하면 웃으면서 꼭 잡을 수 있도록 해보자."고 하였지요. 첫날만 좀 어색했습니다. 첫날은 남학생들만이 그들의 손을 잡아주었지만, 그 자세만큼은 남학생들도 어색하였지요.

그러나 다음날이 되자 모두들 익숙해졌습니다. 식사시간이 되면 여학생들도 스스럼없이 그들의 손을 잡고 밥도 같이 먹고, 먹여주기도 하고, 산책도 같이 하고, 율동도 가르쳐주게 되었습니다. 그들의 머리도 감겨주고, 남학생들은 그들에게 목욕도 시켜주었지요. 헤어질 때는 모두가 아쉬워하면서 꼭 껴안고 떨어지지 않을 정도였지요.

바로 왜why?를 생각하게 된 결과인 것입니다. 분명히 이상한 행동들을 하지만 그 행동을 하게 되는 이유, '왜?'를 알게 되니, 그 사람의 그 이상한 행동을 이해하게 된 것입니다.

살면서 가장 어려운 일이 바로 사람을 대하는 일입니다. 모든 사람이 항상 예절을 지키고, 경우를 지키며 살 수 있다면 얼마나 좋을까요? 사업차 간혹 만나게 되는 사이라면 서로 간에 예절을 깍듯이 지키겠지요?

그러나 늘 자주 만나야 하는 사람이 문제입니다. 회사에서 매일 대해야 하는 사람, 가까워져서 함께 하는 시간이 많은 친구나 친지들, 집안에서 늘 맞대고 살아야 할 식구라면, 상대가 경우에 맞지 않는 행동을 하게 될 때, 그 일을 접해야 하는 일이 가장 어려울 것입니다. 이때에 필요한 것이 바로 이해입니다. 왜why?를 생각하고 그것에 대한 이해를 할 수 있도록 노력해야 하는 것입니다. 그런 노력을 하게 되면, 깨어질 수많은 관계들을 살릴 수 있습니다.

정도가 너무 지나치면 힘들겠지만, 누군가의 비상식적인 행동을 이해하려고 노력하게 된다면, 상당한 부분을 이해하고 참을 수 있는 힘이 생겨남을 경험할 수 있습니다. 그것이 바로 배려이지요. 영어로 이해하다understand는 단어는 우리가 잘 알듯이 "밑under에 서다.stand"라는 의미이지요. 상대방의 위가 아니라 밑에 서는 배려의 마음으로 상대를 대하게 되면, 그 사람을 좀 더 이해할 수 있게 되는 것입니다.

제가 '되어가는 사람들에게' 이 말을 하는 데에는 이유가 있습니다. 아름다운 존재로 되어가는 과정에서 우리는 수없이 이상한 사람을 만나게 됩니다. 우리가 매일 만나야 하는 사람들 중에도 예기치 못한 어떤 경우에 이해할 수 없는 행동을 하는 사람들이 있습니다. 그때 우리는 어찌해야 할까요? 초등학생이라면 "나 그 애랑 안 놀 거야!"하면 됩니다. 그러나 사람이 점점 살며 나아가는 과정에서 그런 사람들이 점점 더 많아진다는 것이 문제입니다.

초등학교 시절처럼 이상하면 다 떼어 버리고 다 절교하면서, 과연 내가 이 세상에서, 이 사회에서 나의 역할을 잘 감당하면서 살 수 있을까요? 불가능할 것입니다. 엄청난 돈을 은행에 쌓아놓고 사는 사람은 아마 이 사람 저 사람 이상할 때마다 다 떼면서 살 수도 있을 것입니다. 대대손손 보장된 독재자라면 마음대로 끊으며 살아도 될지 모릅니다. 그러나 우리 대다수의 사람들은 그렇게 살 수 없습니다. 조금이라도 이상하면 이 사람 저 사람 다 떼어 내면서, 자기 자신은 모든 사람에게 인정받고 존경받기는 불가능할 것이라 생각됩니다.

모든 사람에게는 공통점이 있습니다. 바로 남의 일은 아주 객관적으로 예리하게 정확하게 판단하면서도, 자신의 일에 대해서는 대다수의 사람들이 주관적으로 감정적으로 판단하는 모습입니다. 그래서 자신이 무슨 잘못을 하였든, 그것을 이해해 주는 사람은 아름다운 사람으로, 고마운 사람으로, 인격적인 사람으로 기억하지만, 자신의 잘못된 행동을 이해해주지 못하고 자기를 미워하거나 잘못을 지적하는 사람은 속 좁은 사람, 인격에 결함이 있는 사람이라 생각하는 경향이 많습니다. 이런 일을 대해야 하는 것, 그것이 바로 인생이요, 그러기에 인생의 길은 힘든 것입니다. 어떤 경우에는 내가 가야 하는 힘든 여정과 고생보다는 사람을 상대해야 하는 일이 훨씬 더 어려운 때가 더 많아지는 것이 인생이기도 합니다.

이런 힘든 순간에 왜why?라는 물음을 마음속으로 자주 가지게 되면 어려움을 줄일 수 있습니다. 모든 것의 종점은 나의 마음입니다. 아무리 힘든 일을 겪어도 나의 마음속에서 "할 만하다!"는 생각이 들면 견뎌낼 수 있게 되는 것입니다. 아무리 비상식적인 행동을 하는 사람이라도, 나의 마음속에서 "그 사람의 행동이 말도 안 되긴 하지만 그 사람의 상황을 눈여겨보니 그 행동에 대해 이해가 된다"라고 생각하면, 그 사람과의 관계를 끊지 않고 지킬 수 있는 힘을 얻게 됩니다. 바로 이것이 왜why?의 힘인 것입니다.

언젠가 지방에 다녀오느라 한밤중에 고속도로를 달리고 있었습니다. 그런데 어떤 차가 휙 하더니 저의 차 앞을 대각선으로 가로질러 가는 것이었습니다. 순간적으로 대응을 잘했기에 망정이지 정말로 큰일 날 뻔했습니다. 저는 너무나 놀라고 화가 났습니다. 분노에 가득 찬 마음으로 그 차를 확인하였습니다. 미안하다는 표시도 하지 않고 그냥 가는 그 차를 노려보다가 저는 깜짝 놀라게 되었습니다. 아뿔싸! 이 차 운전자가 졸고 있는 것이었습니다. 차가 삐뚤삐뚤 그 넓은 여러 개의 차선들을 가로질러 이리 저리 곡선주행하며 가는 것이었습니다.

그때 저에게는 그 차 운전자를 보호해야 한다는 생각이 들었습니다. 몇 초 전까지만 해도 분노했었지만, 그 차 운전자가 존다는 것을 확인하고는 어떻게 이 사람을 지킬까 고민하다가 일단 그 차 뒤에 바짝 저의 차를 접근시키고 제 차의 비상깜빡이를 켰습니다. 다른 차들이 뒤에서 저를 욕하는지 빵빵거리며 지나갔지만, 제가 뒤에 있었기에 그 차 운전자를 보호할 수 있었습니다. 저는 뒤에서 계속 경적을 울리며 그 차를 보호하며 가게 되었고, 약 2분쯤 뒤에 그 차는 갓길에 차를 세웠습니다. 저는 그 모습을 확인하고는 그냥 저의 길을 갔습니다.

처음에는 분노였습니다. 그러나 그 사람을 알게 되니 배려의 마음이 저절로 생겼습니다. “바로 이것이 삶이다.”라는 마음이 그때 강하게 저를 깨닫게 해 주었지요. 사람이 완벽할 수는 없지만, 한 번이라도 더 참으면, 참고 이해하는 그 모습이 정말로 귀한 것이요, 때로는 그 참음과 이해가 더욱 크고 중요한 것을 지킬 수도 있습니다. 이것이 바로 왜why?의 힘입니다.

우리가 ‘나쁘다’, ‘나쁜 사람’이라 할 때의 ‘나쁜’이라는 말이 고대 히브리어로는 ‘라아רעה’라고 합니다. 이 단어에는 나쁘다bad, evil이라는 뜻이 있지만, 동시에 이 단어에는 곤경에 빠진, 불쌍한distress, misery이라는 의미도 함께 들어있습니다. 참으로 신기하지요? “아무 아무개가 나쁘다.”라고 말하는 것하고 “아무 아무개가 곤경에 빠졌다.”라는 말하고 의미가 같다는 것입니다. 그 사람이 나쁜 것은, 그 사람에게 어떤 문제가 있다는 것이기도 합니다.

그러기에 우리는 누군가의 이해할 수 없는 실례에도 왜why?라는 질문을 해 보면서 판단을 일단 유보해 볼 필요가 있는 것입니다. 그 사람이 정말로 나에게 나쁜 감정을 품고 그러는 경우도 있고, 나와 상관없이 그 사람에게 있는 어떤 고통이나 문제점 때문에 그러는 경우도 있습니다. 후자라면 우리에게는 이해가 먼저 필요합니다. 왜why?라는 질문으로 누군가를 이해understand해 주면 나도 모르게 그 사람을 배려하고 있는 나 자신을 바라보게 될 것입니다.

아무리 훌륭한 사람도 다른 사람과 관계하며 살아야 합니다. 이 사회와 관계를 이루며 존재해야 하지요. 왜why?는 관계와 관계를 이어주는 소중한 도구입니다. 되어가는 이들이 수시로 하게 되는 왜why?라는 질문은 그를 폭넓은 존재, 나눌 수 있는 존재가 되게 해주며, 그 사람의 주변에 좋은 사람들이 많이 머무를 수 있게 해주는 눈에 보이지 않는 원동력이 될 것입니다.

10

행운의 떨어짐(fortunate fall)

영어로 'fall'이라 함은 높은 곳에서 낮은 곳으로 떨어지는 것을 의미하지요. 낙엽이 떨어지는 가을도, 절벽 위에서 떨어지는 물줄기도 fall이라고 부릅니다. fall은 떨어짐, 멸망, 몰락, 넘어짐을 뜻합니다. fall은 실패, 고통, 실수 등을 대변하는 단어입니다.

인류 최초의 몰락 내지 고통 혹은 실패가 무엇일까요? 그것은 셰익스피어에 버금가는 영국의 시인 존 밀턴John Milton, 1608-1674이 1652년에 자신의 시력視力을 상실한 뒤, 1667년에 지은 『실낙원失樂園, Paradise Lost』이라는 대서사시에서 노래하고 있는, 아담과 이브가 에덴동산에서 쫓겨나는 장면의 모습입니다.

성경창세기 3장에 의하면 아담과 이브는 최초의 인간으로 가장 아름다웠던 에덴동산에서 살았습니다. 온갖 과실이 다 있고 아름다운 동산에서 아무 옷도 입지 않고 천진하게 살던 아담과 이브는 어느 날 뱀의 유혹에 넘어가, 하나님이 금지한 선악과라는 과일을 따먹게 되고, 그 벌로 에덴동산에서 쫓겨나게 됩니다. 에덴동산에서 쫓겨나는 그 모습이 바로 실낙원이요, 떨어짐fall인 것입니다. 요즘 말로 쉽게 설명한다면 재벌로 살다가 갑자기 노숙자가 된 셈이지요. 아담과 이브는 최고의 낙원에서 마음껏 행복을 누리며 살다가 고통과 비극의 삶으로 뚝 떨어지게fall 되었습니다.

밀턴은 바로 이러한 내용을 『실낙원』에서 장엄하고 아름다운 문장으로 표현하고 있습니다. 또한 그가 이 작품을 지을 때는 이미 시력을 상실하였기에, 이 서사시는 그의 마음으로 완성된 것입니다. 『실낙원』은 인간의 비극을 표현한 것이요, 인간의 떨어짐과 몰락fall을 보여주는 깊은 의미의 작품입니다.

그런데 사람들은 존 밀턴의 『실낙원』은 잘 아는데, 밀턴이 이어서 발표한 『복낙원復樂園, Paradise Regained, 1671』도 있다는 사실은 잘 모릅니다. 『실낙원』만 알면 그것은 절반의 이해에 머물러 있는 것입니다. 『실낙원』의 참 의미는 『복낙원』에서 완성되며 더욱 그 의미가 빛나게 됩니다.

『복낙원』이 뭘까요? 『복낙원』은 아담과 이브가 죄를 지음으로 최고의 낙원에서 떨어졌지만fall, 그 떨어짐이 끝이 아님을 말해주고 있는 것입니다. 잃어버렸던 낙원을 다시 회복하게 되는 과정과 그 의미를 『복낙원』은 노래하고 있습니다. 삶이 위대한 이유가 바로 여기에 있습니다. 인간은 귀한 것을 잃어버릴 수도 있으나 그 잃어버린 것을 다시 회복할 수 있는 노력과 용기를 또한 가지고 있다는 것입니다.

『실낙원』은 끝이 아닙니다. 이어지는to be continued 것입니다. 제가 앞에서도 강조했던 것처럼, 『실낙원』은 과정이지 결과가 아닙니다. 우리는 잃어버린lost 것을 다시 회복regain하기 위해서 노력합니다. 비록 잃어버렸으나, 다시 노력하는 자는 결국 회복하게 되지요. 그 회복의 과정이 참으로 귀하고 아름다운 것입니다.

그런데 여기에 더욱 놀라운 것이 있습니다. 잃어버려서 다시 회복하려고 노력하는 가운데, 이전의 모습보다 훨씬 더 놀라운 모습, 이전보다 훨씬 더 귀한 모습으로 변하게 된다는 것이지요. 쉽게 예를 들자면, 당뇨병 환자가 자신의 병을 이겨내기 위해서 힘들지만 음식을 잘 관리하고, 적절하게 운동을 매일 하고, 정기적으로 의사선생님을 찾아가서 검진을 받으며 살다 보니까, 세월이 많이 흐른 어느 날 온몸이 다른 사람보다도 더 건강하게 변해있는 자신을 발견하게 되는 것입니다.

고등학교 시절의 어느 날 동네 목욕탕에 갔다가 저는 피부병에 감염되었습니다. 온몸이 가려워 밤새 긁다 보면 새벽이 오곤 했지요. 지금은 병원에 가면 그 정도는 금방 고칠 수 있는데, 그때는 병원에 가야 한다는 생각을 잘 안 하고 살던 시기였습니다. 피부병으로 얼마 동안 고생을 하였습니다.

그러던 어느 날 친구들과 축구를 열심히 하고 돌아왔습니다. 그런데 그날 무리를 해서인지, 이유 모를 어떠한 이유로 며칠 동안 온몸에 열이 나서 불덩어리처럼 되었습니다. 그때도 병원에 못 가고 그냥 꼼짝 못 하고 누워만 있었지요. 며칠이 지나자 열이 내리고 회복이 되었습니다. 나중에 다른 분들 이야기가, 그렇게 열이 높으면 큰일 날 수도 있었는데 정말 다행이라는 것이었습니다.

그런데 살아서 감사한 것뿐 아니라 더욱 감사한 일이 있었습니다. 온몸에 높은 열이 나서 그런지 피부병에 시달리던 피부에 여기저기 작은 딱지 같은 것들이 생기면서 가려움이 그치는 것이었습니다. 지금도 정확한 이유는 모르겠지만, 분명한 것은 온몸에 엄청난 열이 나면서 피부가 정상으로 돌아왔다는 사실이었지요.

당뇨병이나 열병은 위험하고 무서운 것인데, 이것들로 인해 오히려 몸이 건강하게 되는 계기가 되었지요. 무서운 것이지만, 때로는 이것이 예기치 못한 행운의 전령이요, 또 다른 행운으로 가게 해준 계기가 된 것입니다. 바로 이러한 경우를 '행운의 떨어짐fortunate fall'이라 하는 것입니다.

『실낙원』이 있었기에 『복낙원』이 있는 것입니다. 『실낙원』의 고통스러운 과정 속에서 더욱 겸손해지고 노력하는 가운데 다시 잃었던 낙원을 회복하는 『복낙원』이 있는데, 다시 얻게 된 낙원은 처음 잃었던 낙원보다 훨씬 더 좋은 낙원인 것입니다. 그런데 낙원이 더 좋아졌다기보다는, 내가 떨어져 잃어버렸던 낙원을 다시 얻기 위해 어려움 속에서도 더욱 노력하고 수고하는 그 과정 가운데, 나 자신이 더 좋은 존재로 바뀐 것이지요. 그래서 우리는 이것을 '행운의 실패' 혹은 '행운의 떨어짐fortunate fall'이라고 부르는 것입니다.

제가 학생 때 주변에 무협지를 읽는 친구들이 꽤 있었습니다. 학교가 끝나고 무협지를 많이 읽은 친구와 함께 집으로 돌아오는 길은 온통 무협 이야기로 시간 가는 줄을 모를 정도였습니다. 무협지의 이야기들 중에 '외팔이 검객' 혹은 '맹인 검객'이라는 캐릭터가 종종 나옵니다. 원래부터 검객이었지만 한쪽 팔을 잃은 이후에, 혹은 시력을 잃은 후에 오히려 더 수련하여 무림계의 지존이 되지요. 한쪽 팔을 잃거나 눈을 잃는 것은 검객에게는 사형선고와 별 차이 없는 엄청난 좌절입니다. 그러나 무협지에 나오는 이 불행한 검객들은 거기에서 포기하지 않고 다시 일어서서 더욱 노력하여 엄청난 고수가 되지요. 그래서 이것을 '행운의 실패' 혹은 '행운의 떨어짐fortunate fall'이라고 부르는 것입니다.

'fortunate fall'과 관련하여 인터넷을 검색해보았더니 다음과 같은 훌륭한 문장이 검색되어서 여러분에게 소개합니다.

"Perfection at a low ranks below Imperfection with higher aim."

이 문장에서 동사는 ranks 이지요? 직역을 해 봅시다. "수준 낮은 완벽함은 보다 더 높은 목표를 가진 불완전한 것보다 낮은 서열에 있다."

이 문장이 쉽게 이해되지 않는다면, 바로 외팔이 검객이나 맹인검객의 이야기를 생각하면 됩니다. 비록 한쪽 팔을 잃거나, 혹 한쪽 눈을 잃어 불완전한 신체가 되었다 해도, 이를 악물고 더 참고 더 수련하여, 마침내 초고수의 반열에 올라 온몸이 온전한 수많은 무술고수보다 훨씬 더 높은 무술의 경지에 이른 사람을 말하는 것이지요.

이 문장이 쉽게 이해되지 않는다면, 시력을 잃은 뒤에 『실낙원』이라는 불후의 명작을 지은 밀턴, 궁형의 아픔을 당한 후에 『사기』를 집필한 사마천, 음악가의 생명인 청력을 잃은 후에 더 훌륭한 곡을 작곡한 베토벤, 그리고 이 글에 이루 다 쓸 수 없는 수많은 위인들이 불완전함을 경험하게 된 후에 오히려 더 노력하여 완전함을 향해 다가갔음을 생각하면 될 것입니다.

'떨어진다fall'는 것은 바로 불완전한 상태Imperfection로 들어가는 것입니다. 그러나 그 불완전함이 나를 에너지 넘치는 사람으로 바꾸어 줄 수 있습니다. 하고자 하는 강한 의지가 생겨나게 해 줄 수 있습니다. 복싱 세계 타이틀 경기를 한다면, 챔피언보다는 도전자의 정신이 더 강할 수밖에 없습니다. 챔피언도 자기 타이틀을 지키기 위해서는 항상 도전자적인 마음을 가지고 연습하며 자신을 지켜야만 합니다.

모든 사람에게 떨어지게 되는 경험이 찾아옵니다. 아브라함 링컨도 대통령이 되기 전까지는 수없이 많은 '떨어짐fall'이 있었다 합니다. 그러나 그러한 수많은 떨어짐이 링컨을 훌륭한 대통령으로 만들었던 것입니다. 떨어지게 되면 회복하고자 하는 의지, 다시 일어서고자 하는 에너지가 생깁니다. 그 에너지가 나를 더 노력하게 만들고, 나 자신을 더 다듬게 해줍니다.

훌륭한 삶의 발걸음을 걸었던 우리 인생 선배들의 공통점이 무엇입니까? 자주 떨어지는 것입니다. 물건에 하자가 있다면 그 가격이 떨어지게 되지요. 떨어지게 된 존재는 그 떨어짐으로 자신에게 '하자'가 있음을 느끼게 됩니다. 자신의 가격이가치가 떨어졌음을 느낍니다. 그리고 그 떨어짐을 극복하기 위해서 더 노력하게 됩니다. 더 노력하다 보니 더욱 큰일들을 이루게 된 것입니다. 더 많은 깨달음을 경험하게 됩니다. 그리고 더 성숙한 삶을 살게 됩니다. 그래서 그런 훌륭한 분들은 한결같이 입을 모아 말씀합니다.

"그때의 나의 떨어짐이 오늘의 내가 되게 해 주었습니다."

그래서 우리는 그 떨어짐을 행운의 떨어짐fortunate fall이라고 부르는 것입니다.

다산 정약용茶山 丁若鏞, 1762-1836 선생은 경기도 남양주 조안면양수리 근처 사람으로 일찍이 과거에 급제하여 벼슬을 했습니다. 그러나 그는 크리스천이었기에 1791년에 신유박해辛亥迫害와 황사영백서사건黃嗣永帛書事件으로 전라도 강진에 유배되어 무려 18년이라는 세월을 보내야 했습니다. 18년이라는 것은 너무나 기나긴 절망의 시기입니다. 그렇지만 이 기나긴 시간을 다산은 끊임없는 공부와 저술활동으로 채웠습니다. 그리고 미래의 희망인 그 지역의 아이들을 가르치기도 했습니다. 이 기간에 그는 수많은 고전을 주해하기도 하였고, 새로운 학문과 신서新書들도 소화하여 그것을 바탕으로 자기만의 책들을 저술했습니다. 다산이 유배되지 않고 평생을 정치가로서 여러 가지 보직을 거쳤다면, 그 무수한 주옥같은 다산의 저서들은 이 세상에 나올 수가 없었을 것입니다. 고로 다산의 18년 강진 유배는 다산 개인에게 뿐 아니라 우리나라의 역사와 사상계를 위해서도 행운의 떨어짐fortunate fall이었던 것입니다.

오늘날 우리들에게 찾아오는 떨어짐은 참 많습니다. 시험에 떨어짐, 건강이 나빠짐, 친구를 잃게 됨, 자신의 명예를 잃게 됨, 사업에 실패함… 등등. 이것들은 우리를 힘들게 하는 제목이지만, 각도를 달리해 보면, 먼 훗날 내가 바로 이것들 때문에 일어섰다고 말하게 될 제목들이 될 수 있습니다.

혹 실수를 저지르게 될 수도 있지요. 솔직히 말해서 죄를 지을 수도 있습니다. 그러나 자신이 지은 실수와 죄를 인정하고, 그런 일이 더 생기지 않게 노력하고, 더 좋은 일, 착한 일을 하려는 마음을 의도적으로 갖고 살다 보면, 어느덧 나는 아름다운 인생의 사람으로 변하지요. 그러기에 나의 실수나 죄도 행운의 떨어짐fortunate fall이 됩니다. 과거는 지나간 것입니다. 내가 저지른 실수나 죄의 노예가 되어서는 안 됩니다. 그러나 그것에 대한 깊은 반성과 새로운 노력이 있다면, 그 실수가 나를 더 나은 사람으로 변화시키는 원동력이 될 것입니다.

시험에 떨어지는 것도 참으로 중요한 일입니다. 떨어지면 실망하고 포기하는 사람이 있지요. 그러나 어떤 사람은 자기가 왜 떨어졌는가?를 다시 곰곰이 돌아보고, 자신의 능력, 자신의 방법 등을 잘 검토하여 다시 도전합니다. 이런 사람은 떨어지면 떨어질수록 백전노장이 되는 것입니다. 그 떨어짐의 추억들이 어느 날 참으로 중요한 자리에서 예기치 못한 놀라운 역할을 해 줄 것입니다.

저는 청년들에게 이런 말을 자주 합니다.

"여러분! 자주 떨어지길 바랍니다."

"떨어질 때마다 이렇게 생각해 보세요."

"아! 언젠가 내가 아름다운 모습으로 일어서게 되었을 때, 후배들에게 나의 경험담을 말해줄 거리example가 하나 더 생겼구나!"

"야! 내 생의 무용담이 하나 더 추가되는구나!"

'평생'이라는 되어감의 과정은 우리 모두에게 시시때때로 '떨어짐'을 제공해 주지요. 청년만 떨어지지 않습니다. 인생 자체가 떨어짐의 연속입니다. 되어가는 존재들은 이런 떨어짐에 익숙해야 합니다. 사실 되어가는 존재의 길을 가는 이들은 이미 이러한 떨어짐이라는 펀치에 견딜 수 있는 맷집을 가지고 있습니다. 그런데 참 신기하지요? 내가 나의 되어가는 삶의 과정 속에서 기록했던 그 떨어짐들이 그 어느 순간에 나의 소중한 자산목록에 포함되어 있음을 느끼게 된다는 것입니다.

그렇습니다. 되어가는 이들이여! 여러분에게 이전에 있었던, 지금 있는, 혹은 앞으로 있을 그 모든 떨어짐fall들이 여러분의 삶에 아주 귀한 기본과 밑천이 되길 바랍니다.

11

나무를 심는 사람, 존재의 의미

1990년의 어느 날 저는 식사 중에 TV를 보다가 갑자기 비디오테이프를 찾았습니다. TV에서 〈나무를 심는 사람The Man Who Planted The Trees〉이라는 애니메이션을 방영하고 있었기 때문입니다. 빠른 동작으로 그 영화를 저의 비디오테이프에 담은 후 얼마나 기뻐했는지 모릅니다. 이후에 여러 번 그것을 다른 사람들에게 보여주곤 했습니다. 그 시절은 아날로그 시대라서 저에게는 비디오테이프가 몇 박스나 있었습니다. 그것은 저의 재산 목록 중 하나였기에 저의 집에 놀러오는 사람들에게 그것들을 자랑스럽게 보여주곤 했지요. 지금은 거의 모든 영상을 파일로 구입하고 저장할 수 있으니 참 시대가 좋아졌습니다.

〈나무를 심는 사람〉이라는 애니메이션은 장 지오노Jean Giono라는 프랑스 작가의 동명소설 원작을 프랑스 출신의 캐나다 애니메이션 작가 프레데릭 백Frederic Back이 만든 것입니다. 요즘은 이 소설, 이 영화가 많이 알려져서 고교생이나 대학생들의 수업시간에 자주 상영

된다고 합니다. 참으로 반가운 소식이 아닐 수가 없습니다.

보통 훌륭한 책을 영화나 애니메이션으로 표현하면 원작의 감동에 미치지 못하는 경우가 많습니다. 그렇지만 영화 〈나무를 심는 사람〉은 책 못지않은 귀한 감동으로 다가옵니다. 프레데릭의 이 영화는 아카데미상을 받았고, 그 시절 그의 파스텔 톤의 애니메이션 스타일이 전 세계에 유행하였지요. 뮤직 비디오라든지 광고 등에도 영화와 유사한 그림 스타일이 많았습니다.

우선 혹시 책을 못 읽은 학생을 위해서 간략하게 줄거리를 써보겠습니다.

1910년. 소설의 진행자인 '나'는 프랑스의 어느 산악지대를 여행하다가 한 노인을 만나게 됩니다. 그곳은 더없이 황폐한 황무지 지역으로서 물은 없었고, 희망조차 보이지 않았습니다.

노인의 집에서 이틀을 묵은 나는 노인이 나무를 심는 모습을 보게 됩니다. 그는 도토리 한 자루를 준비하여 그 속에서 가장 굵고 알이 좋은 도토리 100개를 골라내어 다음날 그 황무지에 그것들을 아주 정성스레 심었습니다. 싹이 나오는 확률이 20퍼센트 정도지만 노인은 개의치 않고 열심히 도토리를 심습니다. 노인의 이름은 '엘제아르 부피에'였으며, 달리 할 일이 없기에 그곳을 생명의 땅으로 바꾸어 보고자 나무 심는 일을 시작했다고 말합니다.

1914년. 1차 세계대전이 일어나 나는 5년간 군에서 복무합니다. 전쟁의 갖가지 참상을 겪고 난 나는 아주 지친 상태에서 옛 황무지를 찾게 됩니다. 그런데 그 황무지가 이미 숲이 되어 있었습니다. 나는 그의 인격에 너무나 감동하여 1920년 후부터는 매년마다 부피에를 찾게 됩니다.

산림 감시원들은 숲이 저절로 자랐다고 신기해했고, 부피에노인에게 산불을 지르지 않도록 조심할 것을 당부합니다. 나중에 진짜 정부 대표단들이 와서 산을 시찰했는데, 그들 역시 산의 아름다움에 넋을 잃어 했습니다. 그러나 그 누구도 부피에노인 혼자 그 숲을 만들어 냈다고는 생각하지 않았고, 부피에는 계속해서 나무 심는 일을 합니다.

1939년에 일어난 세계 2차 대전 때, 당시의 연료였던 나무 공급을 위해 숲은 파괴될 위험에 처했지만, 다행히 그 위기를 무사히 비껴갔고, 부피에노인는 여전히 묵묵히 나무 심는 일을 계속합니다.

세월이 흘러 1945년에, 나는 아주 놀라운 광경을 보게 됩니다. 예전에 사람이 없던 그 마을에 물이 흐르고 있었고, 사람들이 살고 있었던 것입니다. 나중에는 더 많은 사람들이 이주해 오게 되어, 만 명이나 되는 많은 주민들이 부피에 노인 덕분에 아주 행복하게 살게 됩니다. 평생 나무를 심으며 살던 노인은 1947년 그의 80대 후반의 나이로 편안하게 숨을 거둡니다.

누가 보아도 감동적인 이야기지요? 단 한 사람 노인의 평생에 걸친 남모르는 일이 놀라운 결과를 가져온 것입니다. 물론 이 이야기가 실화인지 픽션인지, 혹은 팩션faction인지는 모르겠으나, 그것과 상관없이 문학이란 그 작품의 내용만으로도 사람을 일깨우는 힘을 가지고 있기에, 우리는 이 이야기를 아주 깊은 의미로 받아들여야 할 것이라 생각합니다.

한 사람의 노력으로 많은 사람이 행복할 수 있다면 그것보다 더 의미 있는 모습이 어디 있을까요? 남에게 도움을 주고 세상을 이롭게 하는 데에는 엄청난 철학공부나 과학적인 원리나 정치적인 권력이나 돈이 필요한 것만이 아닙니다.

저는 학기 초에 반드시 학생들 소개를 시킵니다. 학생 수가 많으면 시간마다 몇 명씩 계속 자기를 소개하게 합니다. 남의 소개를 듣는 것도 참 좋은 수업이 되기에 학생들도 그 시간에는 졸지 않고 다른 행동을 하지도 않습니다. 저는 학생들이 자기를 소개할 때, 고향이나 취미, 그리고 자신이 계획하고 있는 꿈과 진로, 존경하는 위인이나 이상적인 배우자상 등을 말하게 합니다.

그리고 자기소개의 마지막에 반드시 중요한 한 가지를 말하게 합니다. 그것은 "나는 나의 한 번의 삶을 살면서 이 세상, 혹은 이 사회, 혹은 남이나 나의 주변 사람들에게 어떠한 도움이 되면서 살고 싶은가?" 입니다. 상당수 학생은 돈을 많이 벌어서 그 돈을 남 돕는데 잘 쓰고 싶다고 말합니다. 일부 학생들은 한비야 씨 같이 세계적인 봉사활동을 하고 싶다고 말하기도 합니다. 학생들의 여러 가지 비전의 이야기를 듣는 순간 저의 가슴이 뭉클해져 올 때가 많지요. 그런데 상당수의 학생들은 그런 문제를 한 번도 생각해 본 적이 없다는 말을 합니다. 그 말을 들을 땐 마음이 아프기도 하지요.

모든 젊은이들이 자기의 인생에 대한 목표를 가지고 있습니다. 무엇이 되겠다, 어떤 일을 해서 돈을 많이 벌겠다, 어떤 일을 잘해서 유명한 사람이 되겠다, 혹은 정치가가 되겠다, 수많은 계획들이 있습니다. 그런데 그러한 목표를 왜 가졌는지를 생각하지 않는 사람이 많습니다.

어떻게 하여 돈을 벌겠다는 계획이 있다면, 그렇게 해서 '돈을 많이 번 다음에 어떻게 할 것인가?'에 대한 계획도 있어야 하는 것입니다. 유명하게 된 다음에 어떻게 할 것인가? 왜 유명해지고 싶은가? 여기에 대한 생각들이 별로 없이 그저 나 잘될 계획만 가지고 있는 젊은이들이 많이 있습니다. 그런 우리들에게 〈나무 심는 사람〉의 의미가 다시 자주 조명되어야 할 것이라 생각됩니다. 이것을 고도원 선생님은 '꿈 너머 꿈'이라고 하셨습니다.

저는 이번 글의 제목을 "나무를 심는 사람, 존재의 의미"라고 하였습니다. 사람이 왜 존재합니까? 물론 태어났기에 존재하는 것입니다. 생명이 있기에 존재하는 것입니다. 그러나 그 정도의 대답은 짐승도 할 수 있겠지요? 사람이 왜 존재합니까? 저는 사람의 존재 이유는 다른 사람, 자연을 포함한 다른 존재들에게 도움을 주기 위함이라고 생각합니다. 사람이 존재하는 이유는 그 사람으로 인해서 타 존재에게 도움이 되기 위함입니다. 사람이 존재하는 이유는 자신으로 인해서 그 사람이 속한 사회에 좋은 영향을 주기 위함입니다. 사람이 존재하는 이유는 이 지구를 잘 가꾸고 다른 생명들을 잘 관리하고 지키기 위함인 것입니다.

보통 어려서는 부모님이 나를 챙겨 주시는 것으로 시작합니다. 부모님의 도움으로 성장하여 성인이 되면, 자신의 자식과 식구를 위해

온몸과 힘을 다합니다. 또 노년이 되면 내가 모아놓은 것, 혹은 자녀들이 도와주는 것으로 그럭저럭 살다가 더 늙으면 죽는 것이 인생입니다. 그러나 〈나무 심는 사람〉은 여기에 좀 더 다른 의미를 우리에게 제시하고 있습니다. 나의 생生을 통해서 누군가에게 도움이 될 수 있는 그런 생애生涯를 꿈꾸라고 말해주고 있는 것입니다.

물론 자녀와 식구를 위해 힘쓰는 일은 아름답고 소중한 일입니다. 그러나 그것만이 인생의 목적, 존재의 목적의 전부는 아닐 것입니다. 우리는 자녀를 위한 부모의 헌신적인 사랑을 숭고하게 생각합니다. 맞습니다. 그렇지만 우리보다 자녀를 위해 훨씬 더 헌신하는 물고기도 많고, 새들도 많고, 짐승들도 많지요? 그러므로 자녀사랑 식구사랑은 생명을 가진 이의 본질이며 당연히 갖추어야 할 품성이지, 이것이 인간존재의 최종목표나 의미는 아닌 것입니다.

우리의 목표는 〈나무 심는 사람〉의 이야기에서 조명되어야 합니다. 나로 인해 남에게 어떠한 도움이 전해지는가? 나로 인해 사회에 혹은 이 땅에 어떠한 도움이 되고 있는가? 나로 인해 다른 사람이 아름답고 귀하고 향기로운 그 무엇을 얻고 있는가? 바로 이것이 우리들 존재의 의미여야 합니다.

그렇다고 우리 모두 〈나무 심는 사람〉처럼 나무만을 심으라는 것은 아닙니다. 각자의 모습에서 과연 무엇으로 남에게 도움을 줄 수 있을지를 생각하며 사는 그 자세가 우선인 것입니다.

이탈리아의 전설적인 영화감독 페데리코 펠리니Federico Fellini, 1920-1993가 1954년에 발표했던 〈길La Strada〉이라는 영화가 있습니다. 꼭 보시기 바랍니다. 이 영화가 바로 로드 무비road movie의 원조입니다.

여기에 나오는 남자 주인공 잠파노안소니 퀸 Anthony Quinn 분는 젤소미나줄리에타 마시나 Giulietta Masina 분를 자신의 차력 쇼를 위한 조수와 광대 역할을 위해 데리고 다니면서도 그녀를 성적으로 정신적으로 학대합니다. 젤소미나는 그런 잠파노를 묵묵히 견뎌냅니다.

어느 마을에 당도해서 그 마을에서 역시 차력 쇼를 합니다. 잠파노는 차력시범을 보이고, 젤소미나는 광대역으로 그 쇼를 보조하지요. 쇼가 끝나고 마을의 어린이들 몇 명이 젤소미나를 찾아옵니다. 자기들 친구 아이가 병으로 누워있는데, 광대 차림의 젤소미나가 가준다면 친구가 너무 좋아할 것이라고 그녀에게 부탁합니다. 젤소미나는 광대 차림 그대로 병석에 누워있는 소년을 찾아가지요. 그리고 그 아이에게 희망을 나눠줍니다. 비록 잠파노에게는 노리개 감이요, 인격적인 대우를 받지 못하는 젤소미나였지만, 그 순간만큼은 꺼져가던 생명에게 새로운 힘을 안겨주는 소중한 역할을 하고 있었던 것입니다.

저는 그 장면에서 많은 감동을 받았습니다. 그렇습니다. 〈나무 심는 사람〉이나 젤소미나나 사회적으로 볼 때, 특별히 갖춘 것이 없는 사람입니다. 내세울 것이 없는 사람입니다. 오히려 세상적인 관점으로 볼 때는 더 불행한 사람일 수도 있습니다. 객관적으로 보면 남에게 무슨 영향력을 줄 것 같지 않은 사람들입니다. 그러나 그들이 그 잘난 사람들보다도 훨씬 더 귀하고 아름다운 일을 할 수가 있는 것이 바로 삶인 것이지요.

한때 유명했던 〈칭찬합시다〉라는 프로그램을 기억하십니까? 그 프로그램에서는 사회 각층에서 말없이 귀한 일을 하는 사람들을 찾아서 칭찬을 했는데, 놀랍게도 그 칭찬받는 분들 대부분이 자신도 빠듯하게 어려운 여건에서 사는 사람들이었습니다.

임진왜란이 일어나서 임금님이 백성을 뒤로하고 신하들과 함께 의주로 몽진蒙塵을 떠날 때에, 이 땅을 지켰던 사람들은, 정계에 진출하여 나라의 녹을 먹으며 호사했던 벼슬아치들이 아니라, 벼슬을 못하고 시골에서 책을 읽던 선비들이었지요. 유교의 나라라 하여 정부에서 정책적으로 하대下待 받던 사명대사를 비롯한 승려들이 오히려 위기의 나라를 구하는 데 앞장섰습니다. 일제강점日帝强占 시절에 글을 읽던 수많은 선비들과 양반가의 인물들이 조상 대대로 물려받은 자신의 집과 땅을 팔아 간도로, 혹은 만주로 가서 조국의 교육과 독립운동에 헌신했지 않습니까? 참으로 감동적인 이야기입니다. 이 모든 일들이 〈나무 심는 사람〉의 모습인 것입니다.

매국노 이완용 같은 사람처럼 공부를 잘하고도 나라를 배신하고, 남을 속이는 인생들이 있습니다. 철학의 나라, 사상가들의 나라였던 독일도 똑같았습니다. 똑같이 어려운 신학을 공부하고도 어떤 신학자들은 히틀러Adolf Hitler, 1889-1945가 일으킨 세계 제2차 대전을 하나님의 뜻이라 아첨 섞인 지지를 표시했고, 과감하게 목숨을 내걸고 히틀러와 나치를 비판하여 사회를 일깨웠던 디트리히 본회퍼Dietrich Bonhoeffer, 1906-1945 같은 신학자도 있었습니다.

존재의 의미는 남에게 유익함을 주는 데 있습니다. 작은 일부터 힘들고 규모가 큰 일까지 남을 위한 일, 이 땅과 민족을 위한 일, 이 세계를 위한 일, 바로 이 일들이 우리들 존재의 목표임을 잊어서는 안 됩니다.

그 사람이 얼마만큼 높은 지위인지, 그 사람이 얼마나 많이 배웠는지, 그 사람이 얼마나 돈이 많은지, 혹은 교양이 더 많은지와 관계없이, 〈나무 심는 사람〉은 묵묵히 남을 위한 일이 자신을 위한 일임을 알고 나무를 심습니다. 남을 위해, 이 강산을 위해, 모두의 미래를 위한 우리 모든 존재로 오늘도 역시 되어가시기를 바랍니다.

12

새옹지마(塞翁之馬)의 진정한 의미

이번에는 우리가 너무나 잘 아는 새옹지마塞翁之馬라는 말을 함께 생각해 보고자 합니다. 모두가 다 아는 이야기인데, 제가 얼마 전 공부하다가 이 말에는 더 깊은 사상이 들어있음을 알게 되어, 여러분과 함께 나누고자 하는 것입니다.

간략하게 일반적으로 우리가 아는 새옹지마塞翁之馬의 이야기를 우선 짚어 봅시다.

북방 국경 근방에 점을 잘 치는 늙은이가 살고 있었습니다. 하루는 그가 기르는 말이 아무런 까닭도 없이 도망쳐 오랑캐들이 사는 국경 너머로 가버렸습니다. 마을 사람들이 위로하고 동정하자 늙은이는 "이것이 또 무슨 복이 될는지 알겠소?" 하고 조금도 낙심하지 않았습니다. 몇 달 후 뜻밖에도 도망갔던 말이 오랑캐의 좋은 말을 한 필 끌고 돌아왔습니다. 마을 사람들이 이것을 축하합니다. 그러자 그 늙은이는 "그것이 또 무슨 화가 될는지 알겠소?" 하고 조금도 기뻐하지 않았습니다.

그런데 집에 좋은 말이 생기자 전부터 말 타기를 좋아하던 늙은이의 아들이 그 말을 타고 달리다가 말에서 떨어져 다리가 부러졌습니다. 마을 사람들이 아들이 불구가 된 데 대하여 위로하였습니다. 늙은이는 "그것이 혹시 복이 될는지 누가 알겠소?" 하고 태연한 표정을 지었습니다. 그런 지 1년이 지난 후 오랑캐들이 쳐들어왔습니다. 장정들이 활을 들고 싸움터에 나가 모두 전사하였는데, 늙은이의 아들만은 다리가 불구였기에 부자가 모두 무사할 수 있었습니다.

이것이 우리가 잘 아는 새옹지마塞翁之馬의 내용입니다. 그래서 사람들은 "인생에 있어서 길흉화복은 항상 바뀌어 미리 헤아릴 수가 없다."는 뜻으로 이 새옹지마라는 말을 사용하지요. 새옹지마라는 말을 "인생은 럭비공이다" 라는 의미로 생각하기도 합니다.

그런데 이 이야기는 원래 한漢나라 시대에 편찬된 『회남자淮南子』라는 방대한 백과사전식 모음집 속에 있습니다. 『회남자』를 이해해야 우리는 새옹지마의 진정한 의미를 알 수 있습니다.

『회남자』를 편찬한 사람이 바로 회남왕淮南王 유안劉安, BC. 179?-BC. 122이라는 사람입니다. 유안은 한나라를 세운 유방의 손자입니다. 한나라는 중국의 거대한 제국이었습니다. 진시황의 진나라秦, BC. 221-BC. 206년는 대국을 통합하였으나 단명한 나라입니다. 그러나 유방이 세운 한나라漢, BC. 206-AD. 220년는 제국Han Empire이요, 서양의 로마제국과 버금하여 동양을 대표할 수 있는 최고의 나라였습니다. 한문漢文이나 한자漢字라 하는 것도 바로 한漢나라의 이름에서 나온 것이지요.

유안은 유방의 손자였지만, 도가 철학道家哲學에 관심이 많아 남방 땅 회남에서 철학운동을 일으킨 사람입니다. 그래서 그를 회남왕이라고 부릅니다. 회남왕 유안은 회남지역에서 두부를 만들어 먹으며 도가 철학 운동을 하였기에, 회남왕 하면 두부가 생각나기도 하지요.

당시 한나라는 유가철학儒家哲學을 중심으로 결집되던 시기였기에 회남왕의 도가적 사상은 별로 주목을 받지 못하였습니다. 그러나 회남왕 유안이 동료들과 함께 편찬한 『회남자』에는 도가사상을 비롯하여 다른 제자백가諸子百家들의 사상이 다양하게 소개되어 있었고, 그러면서도 만물을 통관하는 이법理法 또는 원리로서 도道가 강조되었습니다.

바로 이 『회남자淮南子』 안에 있는 여러 방대한 글들 중에서 「인간훈人間訓」이라는 부분에 새옹지마의 이야기가 짧게 포함되어 있습니다. 지금 우리는 새옹지마의 이야기 부분만을 발췌하여 "인간만사는 새옹지마다." 라고 표현하지만, 실제로 우리는 이 새옹지마의 이야기가 어떠한 맥락의 글에 위치되어 있는지를 모르는 것입니다.

『회남자』의 「인간훈」에는 소위 화복구절禍福句節이 있습니다. 화禍와 복福에 대한 철학적인 성찰이 들어있습니다. 화복구절은 이런 글로 시작됩니다.

夫禍之來也 人自生之 福之來也 人自成之 禍與福同門

부화지내야 인자생지 복지내야 인자생지 화여복동문

대저 화가 오는 것도 내가 그것을 생生하게 하는 것이요,

복이 오는 것도 내가 그것을 성成하게 하는 것이니,

화와 복은 동문同門이라.

화와 복은 같은 문禍福同門 화복동문이다. 이 말을 쉽게 설명하자면 화나 복은 같은 것이며, 바로 나 자신이 화도 부르고, 복도 불러들인다는 것입니다. 화나 복이 어떤 외부에서 오는 것이라고 생각하지 말고, 화나 복이나 모든 것이 별 차이가 없는 것임을 생각하라는 것입니다. 보통 세상 사람들이 말하는 화나 복, 성공이나 실패, 부함과 가난함, 높음과 낮음 등은 큰 틀에서 보면 다 같은 문門에서 나오는 것이니, 이것들을 초월하는 마음을 가지라는 것입니다.

『회남자』의 「인간훈」에서는 이렇듯 장황하게 화와 복에 대한 설명을 하다가 '새옹지마 이야기'가 아주 짧게 예화例話로 나오는 것입니다.

변방의 노인은 자신의 말이 도망가 버려서 마을 사람들이 위로하자, "지금의 화가 내일의 복이 될 수도 있는 것이요. 지금의 슬픔이 어찌 곧 기쁨이라 말할 수 있지 않으리오?此何遽不爲福乎 차하거불위복호"라고 말합니다.

변방의 노인은 도망갔던 말이 또 다른 말 한 마리를 데리고 돌아오자 마을 사람들이 노인에게 축하를 할 때, "오늘의 복이 내일의 화가 될 수도 있는 것, 지금의 기쁨이 어찌 곧 슬픔이라 말할 수 있지 않으리오?此何遽不能爲禍乎 차하거불능위화호"라고 말하지요.

새로 얻은 말을 아들이 즐겁게 타다가 낙마하여 다리를 못 쓰게 되어 마을 사람들이 또 노인을 위로하자, "지금의 화가 내일의 복이 될 수도 있는 것, 지금의 슬픔이 어찌 곧 기쁨이라 말할 수 있지 않으리오?此何遽不爲福乎" 라고 노인은 반복하여 말합니다.

이후에 전쟁이 났지만, 아들은 다리를 다쳤기에 전쟁에 나가지 않아서 대다수가 전사하는 그 전쟁으로부터 목숨을 건지게 됩니다.

「인간훈」에서는 여기에서 그치지 않고 중요한 말이 이어집니다. 이것을 눈여겨보시기 바랍니다.

故福之爲禍, 禍之爲福, 化不可極, 深不可測也

고복지위화 화지위복 화불가극 심불가측야

그러므로 복이 화가 되고 또 화가 복이 되는 것은, 그 변화가 불측하여 그 끝을 알 수가 없고, 그 이치가 깊고 깊어 이루 다 헤아릴 수가 없다.

새옹지마는 좁은 이 세상에서 한 가지 좋은 일에 기뻐하고 한 가지 안 좋은 일에 슬퍼하는 일희일비一喜一悲의 삶을 지적해주고 있습니다. 화나 복은 같은 근원을 가지고 있기에―화복동문禍福同門―이것에 너무 얽매이는 삶보다는 이것들을 초월하는 마음가짐이 중요하다는 것을 새옹지마는 말해주고 있습니다.

우리는 보통 새옹지마 하면 '인간만사 새옹지마'라는 말을 떠올립니다. 이 말은 아주 후대에 원나라의 승려 시인 희회기熙晦機가

"인간만사는 새옹의 말과 같아 예측할 수 없으니 추침헌누각 이름에서 빗소리를 들으며 누워 잠이나 자련다"

人間萬事塞翁馬 推枕軒中聽雨眠 인간만사새옹마 추침헌중청우면

라는 시구를 통해서, "인생의 길흉화복은 항상 바뀌어 미리 헤아릴 수가 없다"는 의미로 새옹지마를 언급하여, 이후에 이러한 생각으로 고정되어 이해된 것입니다.

그렇지만 진정한 새옹지마의 사상은 도가적인 사상의 바탕 속에서, 화나 복을 구분해서 복만이 좋은 것이기에 나에게는 복만 많기를 바라는 마음을 교정하고, 화와 복을 나의 삶의 일부로 모두 수용하는 초월적인 마음을 강조하고 있음을 잊어서는 안 될 것입니다.

물론 극단적인 도가적 태도로 그저 느긋하기만 하고, 현실을 외면하기만 해서는 안 될 것입니다. 사람은 늘 노력하고 발전해 나가야 합니다. 위기의 때에는 그 위기를 잘 견뎌내고 굳건하게 일어서야 합니다. 그러나 현실적 여건의 좋고 나쁨에 너무 민감하여 더워졌다 식었다 하지 말라는 말입니다. 자연을 그대로 받아들이고 나에게 다가오는 역사를, 비록 힘든 일이라 할지라도, 일단 수용할 수 있는 마음이 우선 우리에게는 필요한 것입니다.

인생은 끝없이 넓은 황야를 통과하는 열차 같은 것입니다. 드넓은 황야에는 사막도 있습니다. 오아시스도 있습니다. 강도 있습니다. 눈보라를 맞으며 가기도 해야 하고, 아름다운 경치를 감상하고 쾌적한 공기를 누리며 지나는 곳도 있습니다. 모두가 같은 땅입니다. 모두가 다 내가 가야 할 인생의 길이요, 나의 삶인 것입니다.

같은 맥락으로 노자는 총욕약경寵辱若驚이라는 말을 합니다. 사랑을 받거나 욕을 먹을 때 놀란 것 같이 하라. 즉 사랑을 받을 때도 놀란 듯이 하고, 욕을 먹을 때도 놀란 듯이 하라. 이 말의 의미는 사랑받는 일이나 욕먹는 일 모두가 다 같은 근원이니, 이 모두를 항상 같은 마음으로 대하라는 것입니다.

1998년 월드컵 때의 일입니다. 대한민국은 예선전에서 좋은 성적의 결과를 내면서 월드컵 본선에 진출하게 되었습니다. 그때 모든 언론과 국민들은 한국 팀의 감독을 최고로 평하면서 "저런 사람을 국회로 보내야 한다."는 말을 할 정도로 칭찬이 자자했지요. 그런데 막상 월드컵 본선 조별리그에서, 우리나라는 경기가 잘 안 풀리게 되면서 참패하게 됩니다. 얼마 전까지 모두 입을 합하여 감독을 칭찬하던 언론과 전문가와 수많은 사람들은 감독이 무능하다고 성토하였습니다. 결과가 어떻게 되었는지 아세요? 그 칭찬하던 감독을 월드컵 경기 중에 경질하였습니다. 똑같은 입, 똑같은 언론, 똑같은 국민의 입에서 순식간에 전혀 다른 말과 전혀 다른 판단이 나옵니다. 이것이 바로 총욕약경寵辱若驚의 교훈이지요.

그러므로 잘될 때의 마음과 안될 때의 마음을, 칭찬받을 때의 마음과 비난받을 때의 마음을 같은 원리로 가지는 자세가 삶에서 꼭 필요한 것입니다.

여러분의 되어가는 과정에는 반드시 복福보다는 화禍가 더 많을 것입니다. 왜 나만 나쁜 일이 더 많을까?라고 생각하는 사람도 있을 것입니다. 그러나 우주를 보세요. 이 넓은 우주에서는 태양도 달도 점에 불과합니다. 좁은 자리로 들어오면 길고 짧고, 높고 낮고가 보이지만, 넓은 자리에서는 다 똑같은 존재입니다.

같은 동네에서는 연립주택과 아파트가 아주 달라 보입니다. 그러나 북한산에 올라가서 보면, 연립주택도 산 아래 있는 것이요, 동네에서 그리 높아보이던 고층아파트도 연립주택과 나란히 북한산 아래에 수줍게 서있습니다.

일희일비一喜一悲는 우리가 가장 경계해야 할 대상임을 잊지 마시기 바랍니다. 제가 오래 전에 아르바이트로 학원 강사를 했는데, 처음 몇 달 동안은 경력이 없어서 아주 작은 곳에서 일했습니다. 그때의 그곳 원장님이 기억납니다. 그분은 늘 술을 드시기에 항상 코가 빨갛게 물들어있는 분이었습니다. 왜 항상 술을 마시냐? 하면, 학원 학생이 한 사람 줄어들면 기분이 울적해져서 술을 마시고, 또 어느 날 학생 하나가 등록하면 기뻐서 또 술을 마십니다. 참으로 안타까운 모습이었지요. 일희일비의 전형적인 모습이었습니다. 이 책을 읽으시는 '되어가는 여러분'은 화禍와 복福을 똑같은 나의 삶으로 받아들이고, 그 삶을 소중하게 생각하시고, 그 삶을 아름답게 꾸려 나가시길 바랍니다.

여러분이 변방의 노인塞翁처럼 그날의 슬픔과 그날의 기쁨을 함께 받아들이며 살 수 있는 그릇이 된다면, 여러분은 삶의 참 의미와 행복을 늘 가슴 속에 품으며 사는 여러분 자신을 발견하게 될 것입니다. 바로 그것이 무언가 되어가고 있는 나 자신의 모습이기 때문이지요.

13

성룡(재키 찬)의 NG 철학

제가 초등학생일 때는 이소룡李小龍 브루스 리, 1940-1973이 우상이었고, 고등학생 시절엔 성룡成龍 재키 찬, 1954-이 또한 우상이었지요. 우상이라고 해서 "그 사람을 인격적으로 엄청 존경한다."라기보다는, 그냥 좋아하고 흉내를 내는 그런 대상으로서의 우상을 말하는 것입니다. 그 시절에는 이소룡의 〈정무문〉이나 〈용쟁호투〉를 보고 이소룡의 무술을 흉내 내는 아이들이 많았습니다.

최근에 저는 이소룡의 〈용쟁호투1973〉에 성룡이 단역으로 나왔던 장면을 확인해보았습니다. 이소룡에게 달려들다 목이 꺾이는 장면이었습니다. 이소룡도 어린 성룡을 아껴주었고 〈정무문1972〉에서는 수많은 스턴트 연기를 성룡이 했다는 말도 들었습니다.

1973년에 이소룡이 젊은 나이에 죽게 되고, 잠시 동안 이소룡을 흉내 내는 배우들이 여기 저기 나오다가, 1979년에 성룡의 〈취권〉이 나오게 됨으로 성룡은 이소룡의 뒤를 잇는 세계적 대스타의 반열에 서게 됩니다. 그때부터 이소룡 흉내보다는 성룡이 〈취권〉에서 보여준 술 취한 모습의 흐트러짐 속에서도 내면이 살아있는 예리한 무술의 경지를 흉내 내는 아이들이 더 많아졌던 기억이 납니다.

이소룡의 모습은 카리스마가 넘치며, 강력한 무술의 힘으로 표현됩니다. 그리고 이소룡의 생애는 짧았습니다. 그야말로 굵고 짧게 살다 간, 그러나 그는 사람들의 마음에 깊이 각인된 무술인이자 배우였고, 대학에서는 철학을 전공하기도 했던 철학도였습니다. 〈맹룡과강1972〉 같은 데서는, 당시는 신인이었지만 척 노리스Chuck Norris, 1939- 라는 가라데 챔피언과 로마의 콜로세움에서 대결하는 장면이 나오는데, 거기서도 척 노리스에게 이소룡은 별로 맞지를 않습니다. 거의 일방적으로 압도적인 결투를 하여 당연히 승리를 합니다. 영화 속에서 표현되었던 이소룡의 캐릭터는 그 어느 누구도 쉽게 따라가지 못할 지존의 모습이었습니다.

성룡의 모습은 이소룡과 좀 다르지요? 성룡이 영화에서 보여주는 연기는 카리스마 넘치는 강력한 영웅의 모습보다는, 평범한 듯 모자라기도 한 듯하고, 코믹한 행동 속에 헤매다가, 우여곡절을 거쳐 마지막에 힘겹게 승리하는 캐릭터가 많습니다. 성룡의 캐릭터는 죽도록 맞고 이리 저리 고생하다가 결국에 승리를 이끌어 내는 모습이지요. 성룡의 이러한 모습은 평범한 소시민들과 공감대를 형성할 수 있게 해 주었습니다.

저는 개인적으로 최근에 개봉되었던 성룡의 영화 〈대병소장大兵小將, 2010〉을 의미 깊게 보았습니다. 성룡의 나이가 예순을 바라보는 가운데 만들어진 영화로서, 무술이나 엄청난 액션보다는 사람을 표현하고 삶을 표현하는 영화 같았습니다. 이 영화에는 한국사람 유승준도 출연했는데, 이런 저런 이유로 우리나라에서만 흥행에 실패했다고 합니다. 이 영화에서 성룡은 늙은 사병으로 나옵니다. 인격이 남다르게 고매한 사람도 아니고요, 그렇다고 웅대한 야심을 품은 사람도 아니요, 장군이나 엄청난 무술의 고수도 아닙니다. 그러나 평범한 그가 영화 전체를 이끌어가지요. 저는 성룡의 이런 모습을 좋아합니다.

영웅이란 우리가 드라마나 소설에서 즐겨 찾는 메뉴이지만, 그런 영웅은 항상 이상적인 대상일 뿐이지요. 현실 속에 그런 영웅은 없습니다. 그러기에 사람들은 대리만족으로 영웅을 찾습니다. 현실은 냉혹하여 그 어느 누구도 영화나 소설이나 전설에 나오는 영웅이 될 수도 없고, 그런 영웅을 볼 수도 없습니다.

성룡의 영화에서 우리가 느낄 수 있는 철학을 찾으라면 저는 이렇게 말할 것입니다. "모든 존재는 귀하고 의미 있다. 비록 영웅이 아니더라도……." 대다수 성룡의 영화는 우리들에게 평범한 주인공을 보여주면서, 그 평범한 사람이 천신만고 끝에 승리의 고지로 올라가는 과정을 보여줍니다.

성룡 영화의 특징은 영화가 끝난 다음에, 그 영화를 찍으며 발생했던 NG 장면들을 모아서 보여준다는 것입니다. 보통 영화가 끝나면 그냥 일어서는 사람들이 많습니다. 저는 영화가 끝날 때, 가능하면 마지막에 나오는 자막들을 다 보고, 마지막에 흘러나오는 음악을 다 듣고 나오려 노력합니다. 그러나 사람들이 벌써 다 나가버리고, 불을 환하게 켜고, 청소하는 분들이 청소를 시작해 버리기에, 마지막 엔딩 크레딧에필로그을 다 못 보게 되는 경우가 많습니다.

그러나 성룡의 영화는 다릅니다. 영화가 끝나도 사람들이 바로 일어서지 않습니다. 'NG 모음'이 나온다는 것을 알기 때문입니다. 성룡은 영화가 끝난 다음에 NG 모음을 공개합니다. 성룡 영화의 가장 큰 재미가 바로 'NG 에필로그'인 것입니다. 각종 위험한 스턴트 액션을 찍는 과정부터 성룡의 애교 섞인 대사 NG까지 볼거리가 많습니다.

성룡은 NG를 보여주는 것이 아주 의미 있는 일이라는 것을 온 세상에 알려준 사람입니다. 그야말로 성룡을 'NG의 철학자'라고 말해도 될 것 같습니다.

실제 영화에서는 성룡이 담을 넘는 장면이 멋지게 나오지만, NG 장면에서 보면 담을 멋있게 넘으려다 여러 번 미끄러집니다. 실제 영화에서는 아주 엄숙하고 심각하게 말하지만, NG 장면에서는 웃음을 참지 못하고 무거운 장면을 망쳐버립니다. 그것들을 볼 때 폭소가 터져 나오지요. 영화장면보다 NG 모음이 더 재미있는 경우도 있습니다. 지금은 다른 영화나 프로그램 등에서도 NG 모음이 나오는 경우가 많지만, 그 시초를 성룡이 개척했다 해도 과언이 아닐 것입니다.

성룡이 자신의 영화 끝 장면에 NG 모음을 덧붙이는 이유가 무엇일까요? 여러 가지 의미가 있겠지만, 우선은 자신이 만든 영화가 그저 그렇게 만들어진 것이 아님을 보여주는 것입니다. 자신이 보여준 액션이 가짜가 아니라는 것도 보여주는 것입니다. 많은 시행착오와 어려움 속에서 이러한 작품이 나왔다는 것을 보여주는 것입니다.

또한 자신이 영화 속의 주인공보다 실수가 더 많은 평범한 사람임을 보여주는 것이지요.

NG가 날 때를 생각해 봅시다. 그 시간이 모두에게 얼마나 나빴겠습니까? 시간 낭비, 자금 낭비가 아니었겠습니까? 한 사람에게만 피해가 아니라 많은 사람들에게 피해가 되는 순간이 아니었겠습니까? 실수로 인해 욕도 먹어야 했을 것이고, "왜 나는 이렇게 실수를 잘하나?"에 대한 비참한 마음도 있었을 것입니다. 그러나 작품이 다 끝나서 좋은 결과를 얻은 이후에 그 NG를 돌아보면 웃음으로 되새겨 볼 수 있는 것입니다.

NG는 과정입니다. 과정이 진행되는 당시에는 힘들고 가슴이 아픈 것입니다. 그러나 다 끝난 후 종합적으로 볼 때, 그 NG들이 오히려 재미와 즐거움의 소재가 될 수 있습니다. 인생은 수많은 과정들을 지나가야 합니다. 실수하여 힘든 과정에 처해 있을 바로 그때에는, 그 순간만큼 비참한 때가 없지요. 모두가 나를 손가락질하고, 나를 원망하고, 나를 고까운 시선으로 바라보기도 합니다. 그것을 인식하는 나는 참으로 비참한 생각을 갖게 됩니다. 그러나 다 지나간 후에, 다 끝난 후에 그 장면을 다시 보면, 여유 있는 모습으로 하나하나를 종합적으로 생각하고 편안하게 재평가할 수 있습니다. 그것이 바로 NG입니다. 좋은 작품이 만들어진 이후가 되면, 역설적으로 그 작품을 만들기까지 행해졌던 시행착오NG 역시 아름답게 보이는 것입니다.

저는 '되어가는 존재'들에게 성룡의 'NG 철학'을 강조하고 싶습니다.

삶은 NG의 연속입니다. NG는 실패입니다. 그러나 그 실패들은 내가 반드시 건너야 할 과정들입니다. 그 어느 누구도 평생 같은 일에 대해서 NG만 내는 사람은 없습니다. NG를 많이 내는 가운데 거장巨匠, 마이스터 Meister이 되는 것입니다.

NG가 나는 당시에는 창피합니다. 힘이 빠집니다. 실망이 나를 휘감게 됩니다. 그러나 그 NG는 과정입니다. 이것을 잊지 말아야 합니다. 마가렛 미첼Margaret Munnerlyn Mitchell, 1900-1949 여사의 〈바람과 함께 사라지다Gone With the Wind, 1936〉를 아시지요? 이 소설에는 소설보다 더 유명한 여주인공 스칼렛의 유명한 대사가 나옵니다. 스칼렛Scarlett O'Hara은 자신의 부덕함으로 많은 잘못을 하였고, 마침내 그녀를 진심으로 사랑하던 버틀러Rhett Butler마저 그녀를 떠나게 됩니다. 엉망진창이 된 어려움의 상황에서 그녀는 자신의 부족함, 그동안 자신이 행했던 NG를 깨닫습니다. 그리고 말하지요. 이 소설의 마지막 장면입니다. "내일 생각하자. 내일은 내일의 태양이 뜰 거야I'll think of some way to get him back! After all, tomorrow is another day!" 라는 말을 합니다. 원문보다는 한글 번역이 훨씬 더 잘되었습니다. 나 자신의 NG를 진심으로 인식하게 되는 순간 그 사람에게는 새로운 내일이 기다리고 있다는 것을 이 소설은 말하고 있습니다.

NG는 통과하라고 있는 것이지요. NG에 얽매여서 그것의 노예가 되라고 있는 것이 아닙니다.

혹시 지금 이 순간에도 NG 상황에 있는 분이 있습니까? 실패할 때 그 실패를 여러분의 NG 모음에 잘 저장하시기 바랍니다. 그리고 성룡 영화의 에필로그처럼 나중에 이것들을 기쁜 마음으로 다시 보게 될 그 순간을 떠올리기 바랍니다.

NG! 지금은 이것이 나를 수치스럽게 합니다. 지금은 이것이 내게 불행한 느낌을 갖게 합니다. 그때에 여러분! NG에게 이런 말을 해 보시기 바랍니다.

"NG! 언젠가 너를 나의 NG 모음집에서 다시 보게 될 때, 그때 나는 NG 너의 모습을 편안하게 보면서 고개를 끄떡이게 될 거야."

모든 존재는 귀한 것입니다. 실수 없는 영웅만 가치 있는 존재가 아닙니다. 영웅이 아니더라도, 실수NG가 많더라도, 우리는 귀한 사람이 될 수 있으며 인류에 아름다운 도움을 남기는 사람이 될 수 있습니다. 귀한 존재로 '되어가는 우리'는 오늘의 NG를 결코 버려서는 안 됩니다. 그렇다고 NG의 노예가 되어서는 안 되겠지요. NG는 반드시 NG 모음상자 안에 넣어서 간직해야 합니다. 먼 훗날 여러분의 NG 모음상자는 오히려 NG 모음이 아니라, 금덩어리를 담은 상자처럼 귀한 것임을 깨닫게 될 것입니다.

14

거인의 어깨 위에 서서

(Standing on the shoulders of giants)

영국의 화폐인 파운드£는 오랜 전통과 유래를 가졌고, 이런 저런 경제적 이유들로 아직도 영국은 유로화€, EUR를 쓰지 않습니다. 영국의 화폐에는 기본적으로 엘리자베스 여왕현재 왕의 그림이 있고, 그 뒷면에 다른 사람들 얼굴이나 문양들이 있습니다. 엘리자베스 여왕의 그림은 영국뿐 아니라 캐나다 호주 등과 같은 영연방의 화폐에 공통적으로 포함되어 있습니다.

저는 오래전 영국 생활을 할 때 일요일에는 현지 교회–주로 성공회나 감리교회–에서 예배를 드렸습니다. 그곳은 헌금 시간에 작은 바구니를 돌립니다. 바구니라서 자신이 한 헌금뿐 아니라 다른 사람들이 내는 헌금의 액수가 모든 사람들의 눈에 쉽게 들어왔습니다. 한국처럼 비밀(?)이 보장되는 잠자리채 형 주머니가 아니어서 헌금 시간에 여러 번 망설였던 기억이 납니다. 왜냐하면 제가 동양 사람이기에 혹 마을 사람보다 낮은 금액의 헌금을 하면, 그분들이 "역시 저 동양 사람은 가난하구나!" 하는 생각을 할까 하는 자격지심이 있었기 때문입니다.

저는 얼마 동안 5파운드짜리 지폐를 헌금했습니다. 당시에는 1파운드의 가치가 우리 돈으로 1500원 정도 했던 것으로 기억합니다. 그런데 제가 살던 영국 마을의 주민들은 대다수가 1파운드짜리 동전을 헌금하는 것이었습니다. 돈이 별로 없었던 저는 영국 현지 교회의 분위기에 익숙해진 다음부터 마을 사람들이 내는 평균 금액보다 좀 더 많은 2파운드짜리 동전을 헌금하였습니다. 2파운드는 1파운드 동전보다 더 두껍고 크며 모양이나 문양에도 훨씬 공이 더 들여져 있습니다.

그 시절에는 몰랐는데, 얼마 전에 저는 2파운드짜리 동전의 세로부분모서리부분에 "Standing on the shoulders of giants거인의 어깨 위에 서서"라는 문구가 새겨져 있다는 것을 알았지요. 2파운드짜리 동전의 양면에는 엘리자베스 여왕의 모습이, 그리고 다른 문양이 새겨져 있습니다. 그런데 이 동전의 세로 부분은 우리나라의 10원짜리 동전처럼 그냥 매끄럽거나, 혹은 100원, 500원짜리 동전처럼 세로로 단순하게 짧은 금이 그어져 있는 것이 보통인 것과 달리, 중요한 문구가 써있다는 것입니다.

"Standing on the shoulders of giants거인의 어깨 위에 서서"라는 문구는 유명한 과학자 뉴턴Sir Isaac Newton, 1643-1727이 자신과 경쟁관계에 있었던 동료 과학자에게 쓴 편지 내용의 한 글귀에서 유명해졌다고 합니다. 다음과 같은 내용입니다. "If I have seen further it is by standing on the shoulders of Giants내가 더 멀리 바라볼 수 있었다면, 그것은 바로 거인들의 어깨 위에 올라서서 바라보고 있기 때문입니다." 이 말은 원래 12세기의 철학자 버나드 차터

Bernard Chartres라는 사람의 말이었다고 합니다. 그러나 이 말이 17세기에 뉴턴의 언급을 통해서 과학자나 학자의 자세를 표현하는 가장 적절한 문구가 된 것입니다.

거인이라는 말은 어떠한 분야의 거장巨匠을 말하며, 그 분야에서 큰 업적을 이룬 우리들의 동시대의 선배, 혹은 이전 시대의 선조를 말합니다. 거인의 어깨 위에 올라간다는 것은 동화적인 발상이지요? 하늘을 나는 거인을 타고 신나는 여행을 하는 이야기가 생각이 날 것입니다. 거인의 어깨 위에서 세상을 바라본다면 평상시에 못 보던 시야가 넓어지게 되고 더 멀리 볼 수 있을 것입니다.

늘 승용차만 타고 다니다가 대형 트럭을 타보면 도로가 다르게 보입니다. 멀리도 보이고 어느 차선이 막히지 않는지도 알 수 있습니다. "거인의 어깨 위에 선다"는 말의 의미가 여기에 있는 것 같습니다. 이 말은 뉴턴 같은 과학자나 다른 대가들의 노력과 결실로 인해 우리가 더욱 더 멀리 볼 수 있다는 것을 나타내는 말일 것입니다. 또한 영국이라는 나라에 이러한 세계의 역사, 과학의 역사를 대표하는 뉴턴과 같은 이들이 있기 때문에, 자기들은 다른 나라들에 비해서 더 멀리 바라볼 수 있는 특권도 가지고 있다는 암시가 들어있지 않은가 싶습니다.

영국의 락Rock 밴드 중에 오아시스Oasis라는 그룹이 있습니다. 오아시스는 영국출신으로 세계를 휩쓸었던 그룹들인 비틀즈Beatles, 롤링스톤즈Rolling Stones, 레드 제플린Red Zeppelin 등의 계보를 잇는 록 음악의 대명사입니다. 1990년대에는 폭발적인 인기를 누렸고, 2,000년대에 들어서도 활발한 활동을 하며 한국에서도 성공적인 공연을 하였지만, 최근에는 주요멤버들이 탈퇴하여 해체 내지는 해체의 위기에 있다 합니다.

이 오아시스가 2,000년에 발표한 앨범의 타이틀이 〈Standing on the shoulder of giants〉입니다. 이 앨범은 다른 앨범들에 비해서 공전의 히트를 하지는 않았지만, 그래도 이 앨범의 실험정신이라든가 내용 등을 평론가들은 중요하게 생각한다고 합니다. 여기서는 어깨shoulder라는 단어를 일부러 문법에 어긋난 단수형을 사용했는데, 거기에도 짧지 않은 긴 사연이 있다고 합니다. 깊은 사연은 모르지만, 록 그룹의 앨범에서 이런 의미 있는 문구가 제목으로 사용되었다는 것은 대중예술 안에도 깊은 철학이 있음을 말해주는 귀중한 예라 생각됩니다.

분명한 것이 있습니다. 오아시스가 뜻했던 '거인'은 비틀즈를 비롯한 록음악의 선배들이었을 것입니다. 오아시스의 멤버들은 어려서부터 비틀즈를 들으며 성장했을 것입니다. 비틀즈는 록Rock과 팝Pop을 함께 했지만, 오아시스는 록을 그들의 정체성으로 택하였던 것 같습니다. 오아시스는 그들이 성장하면서 숭배했던 비틀즈를 비롯한 거장들을 통해 영향 받았고, 그러한 영향 속에서 음악을 했던 것입니다. 또한 그들은 그들의 우상인 거인들을 넘어서는 그들만의 정체성을 가지려 노력했을 것입니다.

저는 "거인의 어깨 위에서 선다."는 말에서 세 가지의 아주 귀중한 의미를 느낍니다. 또한 '되어가는 이들'에게 "거인의 어깨 위에서 선다."는 이 말이야말로 현실적이기도 하며 이상적이기도 한 아주 가장 중요한 진리를 전해준다고 생각합니다.

1. 거인의 어깨 위에 선다는 것은 우선적으로 아주 좋은 혜택을 입은 사람의 모습을 말합니다. 점수를 먼저 따고 들어가는 것입니다. 부모가 많은 재산을 모아서 아들에게 상속하였습니다. 부모님이 고학력입니다. 부모님이 지위가 높은 분입니다. 친척 중에 훌륭한 분들이 있습니다. 그런 자녀는 이미 거인의 어깨 위에서 세상을 더 잘 볼 수 있고 더 뻗어나갈 여건을 갖추었습니다. 또 바로 위에 좋은 형이나 누나가 있을 수도 있지요.

삶에서 얻게 되는 부모님의 영향은 대단한 것입니다. 현실적인 여건이 좋은 부모님을 만나는 것은 행복한 일이지요. 또한 부유하거나 지위가 높은 부모님이 아니라도, 아름다운 부모님, 지혜로운 부모님, 긍정적이고 진취적인 마음을 가진 부모님을 만나는 것은 더욱 큰 거인의 어깨 위에 올라서는 것과 같습니다.

그러나 현실적으로 좋은 부모님이나 친지를 만나지 않았다고 해서 우리에게 거인이 없다고, 어깨를 빌려줄 거인이 나에게는 없다고 생각해서는 안 됩니다. 그런 생각은 아주 어리석은 생각이요, 자신을 깎아버리는 위험한 흉기임을 잊어서는 안 됩니다. 우리가 생각의 각도를 조금만 바꾸면 나의 주변에는 수많은 거인들이 있다는 것을 알 수 있기 때문입니다.

2. 우리의 삶에는 부모님 말고도 진정한 거인들이 참 많습니다. 우리는 이 거인들을 찾고 또 배워야 합니다. 우리보다 먼저 역사를

이루고 떠난 사람들은 모두가 다 나의 거인들입니다. 또한 역사적으로 위대한 그 사람들 모두가 자신들보다 먼저 있었던 거인들에게 배웠습니다. 이런 거인들을 절대로 놓쳐서는 안 됩니다. 우리가 배워야 할 거인들은 부모님 말고도 도처에 존재합니다.

온 세상, 모든 역사의 거인들을 다 배울 수는 없습니다. 그러나 적어도 자신이 관심 갖고 있는 분야에서의 거인은 그 모두가 다 내가 먼저 배워야 할 대상입니다. 배운다는 것은 어떤 정보를 나의 지식의 기억창고에 저장하는 것만을 의미하지 않습니다. 배운다는 것은 지식을 배우고, 그것을 나의 것으로 소화하여 행하고 익히는 것 모두를 포함하는 것입니다.

거인을 배우는 것의 기본은 당연히 책을 많이 읽는 것이지요. 책을 통해서 무수한 거인들을 만나게 되고 알게 됩니다. 학교에서 선생님의 말씀을 제대로 배우고 나의 마음으로, 그리고 생활로 옮기는 것도 중요합니다. 훌륭한 스승 없이 혼자서 위대하게 된 거인은 아무도 없습니다. 위인들, 교수님들, 훌륭한 부모님뿐 아니라 나보다 조금 앞선 선배들을 배우는 것도 참 중요합니다. 좋은 선배를 가진 사람은 좋은 스승을 만난 사람만큼 행운을 잡은 사람입니다. 좋은 선배도 나의 인생에 큰 도움이 되는 거인들 중의 하나임을 잊어서는 안 됩니다. 이런 다양한 거인들이 나를 점점 더 '되어가는 존재'로 만들어줍니다.

거인들을 만날 때마다 나의 키가 커집니다. 키가 커지면서 시야가 더 넓어집니다. 보게 되는 것들이 더 많아집니다. 동화 속에서 거인을 타고 나는 것과 같은 신기함과 기쁨을 우리는 현실에서도 얼마든지 느낄 수 있습니다.

역사를 거쳐 간 수많은 거인들을 '나의 거인'으로 만들기 바랍니다. 알라딘이 마술램프를 닦기만 하면 거인이 나타나서 도와주는 것처럼, 여러분의 삶을 살면서 때때로 잘 모르거나 경험부족으로 당황할 때마다, 여러분의 거인들을 부르시기 바랍니다. 그들이 여러분을 가르쳐줄 것이고, 이끌어 줄 것입니다. 많은 거인을 잘 알고 마음속에 보유하고 있는 사람은 행복한 사람이요, 부자입니다.

3. 더 중요한 것이 있습니다. 거인의 어깨에 올라타면 난쟁이라도 거인보다 더 멀리 볼 수 있게 됩니다. 비록 작은 키라도 거인의 어깨 위에 올라타면 거인의 키 높이에 내 키 높이가 추가되어 내 시야는 당연히 거인의 시야보다 더 높아지게 되지요. 마찬가지입니다. 거인들과 친하게 지내는 가운데 우리는 그 거인들을 넘어서는 사람이 되어야 합니다. 앞에서 청출어람靑出於藍이라는 말을 언급했지요?

나에게 도움과 영향을 준 거인을 알게 된 것은 참으로 귀한 일이요, 큰 도움이 되었으며, 내 시야를 넓게 해 주었습니다. 그러나 여기에서 머물면 안 됩니다. 그 거인을 넘어서서, 거인보다 더 멀리 볼 수 있어야 합니다. 왜냐하면 거인의 어깨 위에 올라서면 자연히 거인보다 더 키가 큰 셈이기 때문입니다.

우리나라가 서양의 과학 문물을 본격적으로 받아들이기 시작한 것이 19세기 이후라고 볼 수 있습니다. 문화나 철학과 사상에 있어서는 서양에 비해 전혀 뒤질 게 없었지만, 과학적 사고방식과 문물들은 정말로 배울 것이 많았습니다. 그때는 받아들여서 소화하기도 바빴지요. 너무나 배울 것이 많았던 20세기였습니다.

그러나 이제 21세기로 접어들면서 우리도 서양을 넘어서기 시작했습니다. 서양의 사상을 배우고 우리의 전통사상을 다시 정리해서 서양사상보다 더 앞선 사상과 문화를 만들어내고 있습니다. 서양의 과학을 배우면서 우리만의 기술을 개발하게 되었고 세계적으로도 인정받고 있습니다.

제가 학생 때에는 지금 〈7080 콘서트〉에 나오는 음악하고 미국의 팝송을 즐겨들었습니다. 팝송을 번안하여 불러서 인기를 얻었던 가수도 많았습니다. 또한 영화로 보면 한국 영화는 몇 편 외에는 거의 보지를 않았고 할리우드의 영화를 많이 보았습니다. 너무 차이가 많이 났었기 때문이지요. 지금은 어떻습니까? 한국은 프랑스와 함께 전 세계에서 자신들만의 대중음악과 영화를 더 많이 듣고 보는 얼마 안 되는 나라 중 하나입니다. 한국적 대중음악의 한 장르인 K-Pop은 아시아를 석권했고 유럽과 미국에까지 알려지고 있지요? 과거에 팝송을 많이 듣던 사람들이 팝송을 통해서 전 세계의 대중음악을 알고, 그것을 바탕으로 우리들만의 음악을 만들어내고 있는 것입니다. 과거에 할리우드나 홍콩의 영화를 많이 보며 배우던 한국인들이 이제는 우리만의 영화를 만들어서 자체수급을 하고, 또 세계를 노크하기도 합니다. 한국감독이 외국영화사의 지원을 받아 외국영화를 제작하기도 합니다. 이제는 전 세계를 가도 자동차와 전자제품에 한국 상표가 없는 곳이 없습니다. 바로 이런 모습들이 우리가 거인보다 더 높아지고, 더 멀리 보게 됨을 말해주고 있습니다.

아직도 외국에서 유학을 하여 박사학위를 받고 귀국한 사람들 중 상당수가 그저 자기가 외국에서 배운 것만 앵무새처럼 반복하는 사람들이 있지요? 자기가 배운 것을 반드시 넘어서야 진정한 학자요, 거인이 되는 것입니다.

박세리를 배운 소위 '박세리 키즈들'이 이제는 LPGA에서 상위권을 섭렵하고 있지요? 또한 미쉘 콴을 우상으로 삼고 성장했던 김연아 선수는 미쉘 콴이 평생 이루지 못한 올림픽 금메달을 따냈습니다. 거인의 의미는 배우고, 그 거인의 어깨 위에 선다는 데 있는 것입니다.

여러분! 많은 거인들을 만드시기 바랍니다. 거인들은 우리들이 되어가는 과정에서 훌륭한 친구요, 조력자들입니다. 우리보다 앞서 이 땅을 살았던 거장들, 그 많은 거인들을 우리가 만나고 교제하는 데는 돈도 들지 않습니다. 지금 힘이 없어도 여러분이 조금만 신경을 쓰면 여러분의 키를 더 높게 해 줄 거인들이 많이 있습니다. 그 거인들을 만나고 친해지시기 바랍니다. 그리고 그들의 어깨 위에 올라서기를 바랍니다. 더욱 중요한 것은 여러분들도 여러분의 분야에서 또 하나의 거인이 되어, 또 다른 후배들을 더 잘 보게 인도해 줌으로, 또 다른 거인을 만들어내는 존재가 되기를 바랍니다.

15

삼진과 맞춰 잡기

저는 가끔 아이들과 함께 야구장을 찾습니다. 시즌 중에는 못 가도 포스트 시즌 중 중요한 경기는 직접 가서 보는 스타일입니다.

야구의 묘미는 무엇보다도 타자가 시원하게 날리는 홈런입니다. 홈런을 TV 화면에서 보는 것과 경기장에서 보는 것은 확실히 다릅니다. 경기장에서는 이미 '딱' 소리와 함께 공이 배트에 맞는 순간에 관중은 그게 안타인지 홈런인지를 알 수 있다는 것이 큰 매력이지요. 경기 관람도 중요하지만 응원의 대열에 묻혀서 함께 소리 지르다 보면 왠지 마음이 시원해지기도 합니다. 뭐니 뭐니 해도 야구의 매력은 홈런입니다. 타자의 호쾌한 방망이가 홈런을 만들어내면 야구장은 열광의 도가니가 되지요.

어쩌다 하루쯤은 투수가 공을 던지는 모습에 집중해 보세요. 그것도 아주 재미있습니다. 잘 던지는 투수에게 초점을 맞추고 경기를 보게 되면, 그날 경기장에 안타나 홈런이 없어도 재미를 느낄 수 있습니다. 저는 야구장에 갈 때 라디오를 가져가지 않습니다. 그러나 간혹 라디오를 가져갈 때가 있습니다. 그럴 때는 응원석에서 좀 떨어져서 라디오를 들으며 조용하게 경기를 감상합니다. 제가 라디오를 가져가는 날은 그날 특정 투수를 응원하기 위함입니다. 해설을 들으면서 그 투수가 어떻게 경기를 운영하는가를 보는 것이지요.

야구의 또 다른 묘미는 타자가 때리는 안타나 홈런 말고, 투수에게 초점을 맞추는 것이라 할 수 있습니다. 투수가 어떻게 경기를 장악하고 운영하고 있는가를 해설을 들으면서 확인하면, 단순하게 열광하는 응원하고는 또 다른 재미가 있는 것입니다.

투수에게 있어서의 매력은 타자를 잡는 것이지요. 투수가 타자를 잡는 방법은 두 가지입니다. 삼진스트라이크 아웃으로도 잡고, 범타를 유도하여 맞춰서 잡기도 합니다. 이 두 가지를 잘 조화 있게 이끌어내는 투수가 훌륭한 투수이지요.

겉보기에는 타자를 삼진으로 잡는 것이 훨씬 멋있습니다. 타자를 헛스윙 시키거나 강속구로 타자를 꼼짝 못 하게 해서 아웃을 잡으면 그야말로 대단한 볼거리가 됩니다. 그렇지만 삼진으로 타자를 잡으려면 공을 많이 던져야 하고 힘이 많이 듭니다. 반면에 맞춰주면서 타자를 잡을 때는 투수가 던져야 하는 공의 수를 줄일 수 있게 됩니다.

투수는 가능하면 많은 이닝을 소화할수록 팀에게 도움이 됩니다. 보통 선발투수는 한 경기에 출전하여 100개 정도의 공을 던진다고 합니다. 어느 투수는 100여 개의 공을 던지는데 7, 8회를 넘기는 사람이 있고, 어느 투수는 100여 개를 던지면서도 5회를 못 넘기는 사람이 있지요. 그 비결은 그날 그 투수의 실력과 컨디션에 달려 있습니다.

투수들의 꿈은 퍼펙트게임Perfect Game이나 노히트 노런No Hit, No Run을 달성하는 것입니다. 노히트 노런No Hit, No Run은 경기가 종료될 때까지 투수가 안타와 점수를 허용하지 않는 시합을 뜻합니다. 볼넷이나 몸에 맞는 공 혹은 실책으로 타자가 1루에 나가도 실점을 하지 않고 안타를 맞지 않으면 노히트 노런이 되는 것입니다. 노히트 노런보다 더 귀하고 어려운 것은, 볼넷이나 몸에 맞는 공이나 실책으로 인한 출루도 허락하지 않고, 한 경기 동안 상대 타자가 단 한 번도 1루를 밟지 못하게 하는 것인데, 바로 이것이 퍼펙트게임Perfect Game입니다. 에이스급 투수라 하더라도 그야말로 평생에 한 번 달성할까 말까 하는 꿈의 기록인데, 우리나라에서는 퍼펙트 기록은 아직 없고, 노히트 노런은 30여 년 프로야구 역사에서 11회 있었다고 합니다.

인터넷 검색을 해보니 야구인들이 꼽는 가장 기억에 남는 노히트 노런은 1988년 4월 2일, 그해 프로야구 개막전 중 OB지금 두산의 전신와 롯데와의 경기에서, OB의 투수 장호연1960-이 기록한 것이라 합니다. 그날 OB의 개막전 투수는 원래 다른 선수였다 합니다. 그런데 예정되었던 투수가 경기 바로 직전에 연습타구에 맞아서 부상을 당하자 갑자기 다른 투수가 개막전을 담당해야 했던 것입니다. 이때 장호연 선수는 몸도 제대로 풀지 못한 상태에서 그 부담 많은 개막전에 출전했는데, 그 결과는 놀랍게도 바로 노히트 노런이었다 합니다.

장호연 선수는 그날 경기 9회까지 볼넷 2개와 몸에 맞는 공 1개를 허용했지만, 끝내 안타를 내주지 않았으며, 그날 그가 던진 공은 99개였다고 합니다. 투수가 이런 대기록을 해 내려면 1회에 11개 정도의 공을 던져야 합니다. 11개 정도의 공으로 3명의 타자를 아웃 시켜야 하는 것입니다. 만약에 모든 타자를 삼진으로 잡는다면 그는 결코 9회까지 공을 던질 수가 없을 것입니다. 삼진을 하나 잡으려면 아주 운 좋은 경우를 제외하고는 대개 5개 이상의 공을 던져야 하기 때문입니다.

투수의 대기록 달성은 삼진만으로는 안 되고, 약간의 삼진에다가 대부분의 타자를 맞춰 잡을 수 있어야 가능한 것입니다. 그래서 장호연 선수는 이런 말을 했다고 합니다.

"삼진을 잡으려면 적어도 공 3개는 던져야 하지만, 맞춰 잡는 데는 1개면 된다."

흔히 야구해설자들은 삼진 잡는 것을 '윽박지른다.'는 표현으로 설명합니다. 물론 지능적으로 헛스윙을 유도하기도 합니다. 그렇지만 대체로 강속구로 위협하고 윽박질러서 삼진을 잡는다는 것입니다. 삼진을 잡으려면 힘도 많이 들지요. 그런데 맞춰서 잡으면 힘이 덜 들게 됩니다. 혹 볼넷으로 주자를 내보냈다 하더라도, 다음 타자를 맞춰 주어서 더블플레이를 유도할 수도 있기 때문에, 맞춰 잡는 것은 아주 경제적입니다. 삼진을 많이 잡는 투수는 주로 강속구를 구사하며 컨트롤이 좋은데, 삼진 잡기 위해 던진 공이 약간만 컨트롤이 잘못되면 홈런을 맞을 위험도 있는 것입니다.

맞춰 잡는 것은 투수를 비롯한 팀 전체가 함께 하나 되어 활동하는 것입니다. 포수가 공을 잘 리드해 주고, 야수들이 최선의 수비를 해 줌으로 아웃 카운트를 늘려나가는 것입니다. 삼진은 투수의 힘으로 이룰 수도 있지만, 맞춰 잡는 것은 모두가 하나 되어 최선을 다해 아웃을 시켜, 그날의 투수를 영웅으로 만들어주는 것입니다. 어떤 경우는 완전히 안타성인데도 야수가 잘 처리해 주어서 아웃을 시키기도 하고, 홈런으로 공이 담장을 넘어가는 순간에 점프를 해서 홈런을 아웃으로 만들기도 하지요. 그럼 투수는 고맙다는 사인을 보냅니다. 이러한 끈끈한 느낌을 가지고 한 사람 한 사람의 타자를 잡아나가지요.

물론 삼진이 멋있고 삼진이 필요한 경우가 많이 있습니다. 특별히 훌륭한 마무리 투수는 반드시 자기 힘으로 타자를 삼진 처리할 수 있어야 하지요. 만약에 노 아웃에 주자가 만루인 상황이라면, 투수는 첫 번째 타자를 삼진으로 잡아야 실점을 피할 수 있습니다. 그러나 저는 오늘 삼진도 중요하지만 맞춰 잡는 자세를 특별히 더 강조하려 합니다. 왜냐하면 인생의 문제에 있어서는 삼진보다는 맞춰 잡는 자세가 훨씬 더 중요하기 때문입니다.

우리의 인생 여정도 마치 투수가 만루상황에 타자를 상대하는 것처럼 어려운 순간들을 맞이하게 됩니다. 반드시 처리해야 하는 어려움과 슬픔과 고통스러운 과정들이 우리들 삶에 나타납니다. 만약에 우리들 삶에서 마주치는 어려움을 모두 다 삼진으로 잡고자 한다면, 그 인생은 더 빨리 소진될 것이요, 그 인생에는 더 많은 실패들이 생길 것입니다.

인생을 사는 데에는 힘이 많이 듭니다. 투수가 자기 삼진만으로 타자를 처리하기도 하지만 야수들의 도움으로 맞춰서 처리하는 것처럼, 우리의 인생도 어려울 때 내 능력으로 해결하기도 하면서 때때로는 다른 이들의 도움을 통해서 나의 문제들을 해결하면서 살아야 하는 것입니다. 그럴 때마나 우리는 다른 이들에게 감사하는 마음을 가지게 되지요.

어려움을 삼진으로 잡으려면 투수에게 강속구가 있어야 하듯 우선 나에게도 힘과 능력이 있어야 합니다. 그러나 힘이 있음에도 불구하고, 인생의 괴로움을 전부 다 삼진으로 잡으려 하다가 오히려 잘 안 돼서 홈런을 맞는 일이 많다는 것을 우리들은 명심해야 할 것입니다.

1980년대 초반에 엄청난 홍수가 났습니다. 그때 저는 특전사에서 군복무를 하고 있었는데 수해비상이 걸렸습니다. 비상이란 군인이 출동하는 것입니다. 비가 그치지 않고 한강이 넘치자 우리 부대가 출동을 하게 된 것입니다. 일부 특전여단이 우리보다 먼저 출동하였습니다. 출동하게 되면 한강에서 고무보트를 타고 익사위험에 처한 사람을 구하거나 떠내려가는 짐승들을 구하는 등의 일을 하게 되는 것입니다. 위험하지만 참 의미 있고 재미있는 일이기도 하지요. 우리 모두는 한강에 나가고 싶어 했으나, 출동을 준비하는 중에 억수로 내리던 빗줄기가 그치는 바람에 출동이 취소되어 참으로 아쉬웠습니다.

그때 출동을 준비하면서 베테랑 선임하사가 급류에 휩쓸려 떠내려갈 때 빠져나오는 법을 설명해 주었습니다. 급류에 휩쓸려 떠내려

갈 때에는 평형자세-수영법 중 하나-를 유지하면서, 바로 뭍으로 나오려고 하지 말고, 멀리 바라보면서 천천히 대각선으로 나와야 한다는 것입니다. 바로 헤엄쳐 나오려고 하면 물살을 몸이 이기기 힘들고, 오히려 탈진하게 되어, 더 위험해진다는 것이었습니다.

급류에 떠내려갈 때는 직각으로 나오려 하지 말고 멀리 보면서 서서히 나오라는 것입니다. 인생의 어려움도 마찬가지라 생각합니다. 모든 어려움과 정면대결하기에는 우리 모두가 힘에 부치는 사람들 아닌가요? 맞춰 잡는 자세, 인생이 힘들 때 우리가 가져야 할 아주 중요한 모습입니다.

인간관계도 마찬가지입니다. 사람과 사람이 만나서 관계를 이루다 보면 반드시 모난 사람을 만나게 마련입니다. 또한 나의 부족함으로도 반드시 어려움을 만나게 마련입니다. 어디를 가나 사람이 모인 곳에는 어려움이 있기 마련입니다. 이러한 관계의 어려움을 이겨내기 위해 매번 삼진을 시도한다면 인간관계의 단절을 불러올 위험이 생기겠지요?

삼진이라는 것은 상대와 단판을 짓는 것입니다. "누가 잘못했나?" 시비를 분명하게 가리는 것입니다. 내 생각을 속 시원히 확 내뱉는 것입니다. 그럼 일단은 속이 후련합니다. 그러나 삼진승부가 난 바로 '그 이후'가 문제가 되는 것입니다. 한쪽의 속이 후련하면 다른 한쪽의 속은 다시 썩고 곪게 마련입니다. 바로 여기에 인간관계의 어려움이 있습니다. 야구에서는 삼진을 잡으면 투수도 시원하고 관중들도 기립박수를 보냅니다. 삼진 당한 타자도 헬멧을 한 번 집어던지고는 곧 풀어집니다. 다음 타석에서 잘 치면 되니까요…….

그러나 인간관계에서의 삼진은 위험합니다. 당장은 시원할지 모르나 장기적으로 남아있는 불씨가 되기 때문입니다. 인간만사에는 맞춰 잡는 모습이 필요합니다. 역류하지 말고, 즉각적으로 반응하지 말고, 바로 흥분하여 속을 내세우지 말고…… 적절한 범위 내에서 서로를 만족시켜주는 가운데 해결점을 찾아야 하는 것입니다. 바로 이것이 맞춰 잡는 것이지요.

누구나 다 오승환 선수가 타자들을 압도하여 삼진 시키듯 내 인생의 역경들을 내 능력만으로 깔끔하게 해결할 수 있는 사람이 될 수는 없습니다. 내 능력 100% 보다는, 템포를 늦추면서, 상대 방망이에 맞춰주면서, 대각선으로 멀리 바라볼 수 있다면, 그 사람의 삶의 자리는 노히트 노런이나 퍼펙트는 아니더라도 승리의 모습으로 나아갈 수 있을 것입니다.

요즘 야구 기사를 보면 우리나라의 류현진 선수가 부드럽게 피칭을 하고 타자를 쉽게 맞춰 잡는 실력이 남다르다고 합니다. 야구의 맞춰 잡기는 되어가는 우리들 모두가 가야 할 모습임을 잊지 맙시다.

16

운명적 만남, You light up my life

인생에 있어서 가장 중요한 것이 무엇일까요? '되어가는 존재'인 우리들이 살아가야 할 인생에서 가장 중요한 것은 만남입니다. 만남으로 인해서 우리의 인생이 하루아침에 바뀌게 되는 일이 참 많습니다. 만남으로 인해서 한 사람의 인생에서 삶의 태도가 완전히 바뀌게 되는 경우도 상당히 많지요.

가장 가까운 만남은 부모님이나 가족입니다. 많은 시간을 함께하는 관계이기 때문에 '어떠한 부모님, 어떠한 식구하고 함께 살게 되느냐?'가 일차적으로 아주 중요한 만남이지요. 저의 아이들은 서울에 살지만 야구 하면 무조건 삼성을 좋아합니다. 그것은 제가 학생때부터 삼성 라이온즈의 팬이기 때문에 아이들과 삼성을 응원하러 야구장에 다녔기 때문이지요. 어려서부터 가장 많은 시간을 함께하게 되는 관계인 가족이나 부모님은 한 사람의 인격이나 삶에 지대한 영향을 미칠 수밖에 없습니다.

그러나 점점 성장하게 되면서 사춘기 시절을 겪고 성인으로 향해 나아가고 성인이 되는 과정에서, 부모님과의 만남 못지않게 강한 영향을 주게 되는 예상하지 못했던 많은 만남들이 우리를 기다리고 있습니다. 어떠한 만남이 나를 찾아오는가에 따라서 나의 삶도 달라지며, 나의 삶의 태도도 변화되는 것입니다. 그래서 만남은 중요한 것입니다. 누굴 만나냐 하는 것은 한 사람의 인생에 있어서 가장 중요한 요소입니다.

어느 누구에게나 삶에서의 만남은 참으로 중요한 것이지만, 특별히 젊은이들에게 가장 중요한 만남은 친구, 스승이나 선배, 애인, 그리고 신앙적인 대상과의 만남이라 말할 수 있습니다.

가장 편하고 가까운 친구가 당구를 잘 치는 사람이라면 나도 저절로 당구를 좋아하게 됩니다. 잘 생각해 보세요. 혹 친구 중에 공부를 왜 해야 하는지? 자신의 진로를 어떻게 결정해야 하는지를 신중하게 생각하는 친구가 있다면, 그 친구만큼은 아니지만, 친구가 신중하게 생각하는 그 모습을 나도 본받게 되겠지요? 친구가 도덕성이 강하면 나도 도덕성이 강해집니다. 함부로 욕을 해대는 친구가 주변에 많아지면 나의 입도 거칠어지지요.

선생님이나 선배야말로 우리들에게 가장 중요한 존재들입니다. 좋은 선생님이나 선배를 만나게 되면, 나에게 귀한 영향을 주게 되지요. 내가 좋아하게 되면 그분의 행동을 본받고 싶어지고, 그분이 하는 말대로 나도 하고 싶어지는 건전한 에로스적인 충동을 느끼게 됩니다. '사랑하는 사람을 어떻게 어떤 사람으로 만나게 되느냐?'에 따라서 그 사람의 인생이 바뀌기도 하는 것입니다.

당장 오늘 하루의 시간에도 우리는 누구를 만날지 모릅니다. 예상한 만남도 우리를 기다리고 있고, 예상하지 못한 만남도 우리를 기다리고 있습니다. 좋은 사람을 만나게 되면 행운이요, 나쁜 사람을 만나게 되면 불행입니다. 행운과 불행은 우리가 마음대로 골라서 선택할 수 있는 것이 아니지요.

팝 음악 역사의 한 페이지를 장식하는 사람 중에 팻 분Pat Boone, 1934-이라는 가수가 있습니다. 젊은이들은 잘 모르겠지만 팝을 좋아하는 기성세대 중에 그가 리메이크했던 유명한 노래 〈Love letters in the sands모래 위에 새긴 사랑의 편지〉를 모르는 사람은 별로 없습니다. 그 시절에 팻 분을 잘 모르면서도 자신의 집 레코드LP 장欌에 팻 분의 크리스마스 캐럴 음반은 갖추고 있던 분들이 많았지요. 빙 크로스비Bing Crosby, 1903-1977나 앤디 윌리암스Andy Williams, 1928-2012 같은 당대의 스탠더드 팝standard pop 계열의 미성가수 중 하나였습니다.

팻 분에게는 딸들이 많았는데 모두가 아버지를 닮아서 노래들을 잘했다 합니다. 그 딸들 중 하나가 바로 데비 분Debby Boone, 1956-이라는 사람입니다. 그녀가 부른 노래로서 1977년 당시 빌보드 차트에 10주간이나 1위를 차지했던 노래가 바로 〈You light up my life당신은 나의 인생을 밝혀 주십니다〉이었습니다. 이 기록은 1991년 보이즈 투 맨Boyz II Men에 의해 경신되기 전까지, 팝 역사상 가장 오랫동안 1위를 기록했던 노래 중 하나로 기억되고 있습니다. 이 노래의 가사의 일부를 보실까요?

And you light up my life

You give me hope to carry on

You light up my days

And fill my nights with song x2

당신은 내 삶의 빛이에요

살아갈 희망을 심어주고

내 삶을 밝혀주고

노래로 밤을 채워 주어요

It can't be wrong

It feels so right

Cause you, you light up my life

잘못될 리가 없어요

느낌으로 알 수 있어요

당신은 제 삶을 밝혀줬으니까요

"당신은 나의 인생을 밝혀주십니다. 당신은 내가 할 수 있다는 희망을 주십니다. 당신은 나의 나날을 밝혀주시고, 나의 밤을 노래로 가득 채워주십니다."

이 얼마나 아름다운 언어입니까? 당신을 만나서 나의 삶에 이런 놀라운 변화가 일어났던 것입니다. 바로 이것이 만남의 위대함입니다.

시詩가 발표되면 그 시가 의미하는 상징symbol이나 메타포metaphor는 독자들의 판단으로 넘어가게 됩니다. 데비 분의 이 노래가 전 세계에 울려 퍼지는 가운데, 많은 사람은 자기 나름대로의 당신You을 생각하며 이 노래를 듣고 따라 불렀습니다.

우선 〈You light up my life〉라는 제목도 여러 가지 의미로 생각할 수 있습니다. 이 말은 '당신은 내 삶의 빛입니다'라고 일반적으로 생각할 수 있지요. 또한 '어둠 속에서 전등을 켜듯 당신은 내 삶이 빛나도록 켜주었습니다'라고 생각할 수도 있습니다. 어둠 속에 있던 나의 삶, 꺼져있던 나의 삶, 잠들어 있던 나의 삶을 켜준 존재를 말하는 것입니다. 또한 '어둠을 가는 나의 삶을 밝혀 주십니다.'라고 생각할 수도 있겠지요.

많은 사람들은 이 노래의 당신You을 사랑하는 사람으로 이해하며 불렀습니다. 정말로 사랑하는 그 사람을 만나게 되어 나의 삶이 바뀌었으며, 희망으로 넘쳐나고 있음을 공감하고 불렀지요.

어떤 사람은 자신을 일깨워주고 가르쳐준 스승이나 선배 같은 사람에게 감사하는 마음으로 이 노래를 부르며 느끼기도 했습니다. 어두움에서 방황할 때 나를 일으켜 세워줄 수 있는 사람을 만나는 것이야말로 가장 위대한 만남이 아닐 수가 없을 것입니다.

그리고 이 노래의 당신은 신앙의 대상이기도 한 것입니다. 수많은 만남 중에 신앙의 만남, 절대자와의 만남 또한 우리들의 삶에서 아주 중요한 것으로, 우리의 삶을 통째로 바꿀 수 있는 소중한 만남이 되지요.

여러분! 만남이란 이렇게 중요한 것입니다. 이념이데올로기이나 개혁

같은 단어를 전혀 모르던 사람이 혁명가를 사랑하게 되어 평생을 혁명과 함께 보내게 되는 것이 인생이요, 만남입니다. 안정된 삶을 살다가도 위기에 빠진 친구를 구하기 위해 위험한 전쟁터로 가게 되는 만남도 있습니다. 데이비드 린치David Lynch, 1946- 감독의 컬트영화인 〈블루 벨벳Blue Velvet, 1986〉 같은 류의 영화에서는, 어느 날 운명적으로 복잡한 사연을 가진 여인을 만나게 되어 예기치 못한 나락으로 빠지게 되는 '팜므 파탈femme fatale'과의 만남도 보여줍니다.

만남을 그저 사랑에 대한 단어로만 생각하지 말기를 바랍니다. '되어가는 과정'에서의 만남은 한 사람의 운명에 엄청난 영향을 주기 때문입니다. 어느 누구나 더 많은 세월이 흐르게 되면, 자신의 지나간 생을 돌아보면서 지금 제가 강조하는 만남의 의미를 공감하게 될 것입니다. 그러나 그 많은 세월이 흐르기 전, 젊음의 시절부터, 우리는 만남이라는 것에 대해서 항상 의식을 가지고 있어야 하며, 좋은 만남을 찾을 수 있는 마음을 가지고 있어야 합니다. 또한 어렵지만 나쁜 만남의 모습이 나에게 다가올 때에는 그것을 잘 피할 수 있는 마음, 혹은 나쁜 만남에 잘 대처할 수 있는 마음과 판단도 필요한 것입니다.

특별히 젊은이들의 만남에 대한 저의 생각을 다시 한 번 말해 보겠습니다.

서두에서 언급했던 것처럼 만남에는 예상했던 만남이 있고, 예기치 못한 만남이 있습니다. 예상이 되는 만남이라면 우리는 그것들을 잘 조정할 수 있어야 할 것입니다. 나에게 도움이 되는 만남을 이루려 노력해야 할 것입니다. 또한 만남을 통해서 상대에게도 도움이 되는 나 자신이 되어야 한다는 마음을 가져야 할 것입니다.

우리는 수많은 만남을 경험합니다. 이러한 만남이 다 나의 재산이 될 수 있습니다. 만남은 보이지 않는 재산invisible property의 씨앗입니다. 나쁜 만남이라는 생각이 들 때는 그 만남을 피해야 할 것입니다. 나보다 나은 사람을 만날 때는 그 사람에게서 보다 더 많은 것을 배울 수 있는 자세가 필요합니다. 나보다 못한 사람과의 만남에서는 그 사람에게 도움이 될 수 있도록 친절하게 정성을 다해서 그 만남을 진행해야 할 것입니다.

인생을 우리 마음대로 이끌어갈 수는 없습니다. 아무리 신중하게 살아도 예기치 못한 만남이 한순간에 우리의 운명을 확 바꾸어 놓을 수도 있습니다. 사실 대다수의 만남은 불가항력적unresistable으로 우리에게 다가옵니다.

그래도 중요하게 생각해야 할 것이 있습니다. 추구하는 자에게 문이 열린다는 것입니다. 공룡의 발자국을 찾는 사람에게만 공룡 발자국이 보이는 것입니다. 항상 마음속에 좋은 만남을 가져야 한다는 생각을 가지고 사는 사람에게는 분명코 좋은 만남을 찾을 수 있는 기회가 더 많은 것입니다. 좋은 만남은 항상 준비되어 있는 사람들에게 더 많이 일어나게 되어 있습니다. 좋은 만남은 항상 그것을 원하고 중요하게 생각하는 사람에게 더 많이 일어나게 되어 있습니다. 영화를 좋아하는 사람은 좋은 영화를 계속 만나게 됩니다. 여행을 좋아하는 사람은 여행을 할수록 아름다운 곳을 발견하게 되지요. 마찬가지로 좋은 만남을 원하고 준비하는 사람에게는 좋은 만남이 찾아온다는 것입니다. 운명도 어느 정도까지는 나의 노력으로 만들 수 있는 것입니다.

지금 '되어가는 과정' 중에 있는 여러분의 시절에는 많은 중요한 만남들을 이루어야 합니다. 진심으로 사랑하는 사람과의 만남도 귀한 것이지요. 이성 간의 사랑이 아니더라도 필리아philia적인 사랑을 주고받을 수 있는 다양한 사람과의 사귐도 나와 상대를 위해 귀하고 좋은 만남입니다. 나를 이끌어줄 수 있는 스승을 동시대에서 혹은 지나간 역사에서 만날 수 있는 것도 중요합니다. 나와 같은 목표를 가진 사람을 만나는 것은 플러스알파가 되지요. 그리고 신앙적인 만남 또한 나를 더 귀한 생을 살 수 있는 사람으로 이끌어줍니다. 이런 귀한 만남들에 대해서 항상 마음을 열고, 정신적인 감각기관을 열어서 기다리고 추구해야 합니다. 기다리고 추구하고 노력하는 그 사람에게 아주 귀한 만남이 더 많이 열리게 될 것입니다.

제가 이런 글을 쓰는 이유가 있습니다. 저는 성장의 과정에서 저를 깨닫게 해주는 사람을 별로 만나지 못했습니다. 제가 초등학교 6학년생일 때 같은 교회에 4년 선배 되는 형이 있었는데, 그 형이 때때로 저를 불러서 공부나 진로에 대해서 말을 해 준 적이 있었습니다. 저는 명문 고등학교에 다니던 그 형과의 대화가 참 좋았고 어렸지만 많이 배웠습니다. 그러나 아쉽게도 그 형과 저는 곧 헤어지게 되었습니다. 이후 중 · 고등학교 시절에 거주지를 옮기게 되었는데, 그 시절 저에게는 대화할 만한 선배가 거의 없었습니다. 딱 한 사람이 있었는데, 같은 교회 피아노 반주자였던 4년 선배 누나로 음대생이었습니다. 저는 그 선배를 통해서 음악을 배웠고, 많은 시간을 음악을 배우고 행하는 데 보냈습니다. 지금도 제가 음악을 늘 곁에 둘 수 있는 것이 바로 그 시절 때문이었다고 생각됩니다.

저에게 가장 아쉬웠던 부분은 제가 고등학교, 대학교 다니던 학생 시절에 공부나 인생의 진로를 위해서 지도해줄 수 있는 선생님이나 선배나 동료를 만나지 못했다는 점이었습니다. 가장 중요한 학창시절 동안, 그저 아무 것도 모르고, 밤새 AFKN에서 흘러나오는 음악을 들으며, 간혹 일기를 쓰면서 살았던 기억밖에 없습니다. 그때에 제가 배웠던 것은 공부가 아니었고, 진로에 대한 체계적인 사고나 계획이 전혀 없었지요. 그때 배운 것은 음악의 세계와 영화의 세계, 그리고 낭만뿐이었는데, 그것이 지금도 아주 귀하다는 생각을 해 봅니다.

그러나 고등학교, 대학교 시절 저는 왜 공부를 해야 하는지? 진로를 어떻게 잡아 나가야 하는지? 공부는 어떤 식으로 하는 것인지에 대해서…… 단 한 군데서도 그런 이야기를 들어보지 못했습니다. 그래서 지금 학생들이나 청년들을 만나면 공부나 진로에 대한 이야기를 일부러 많이 해주는 편입니다.

그런데 나이가 좀 더 들면서 저에게 찾아온 생각이 있습니다. 그것은 아주 엄청난 깨달음이었습니다. 무엇인가 하면, 사실 저의 학생 시절에 제가 눈을 비비고 찾아보았으면 좋은 만남을 이룰 수 있었을 것이라는 생각입니다. 제가 그 시절에 삶에 도움이 되는 좋은 만남을 이루지 못했던 이유는, 제가 좋은 만남을 찾으려고 노력하지 않았기 때문이었습니다.

돌이켜 생각해보면 학교의 동료나 선생님, 같은 교회의 동료에게서 얼마든지 배울 수 있었습니다. 지금 돌이켜 보면 고등학교 시절에 몇몇 선생님은 아주 훌륭하신 분이었습니다. 고 3때 제 앞에 앉았던 키가 큰 친구는 정말로 성숙하고 체계적이었던 사람이었습니다. 제가 마음을 열지 않았고, 원하지 않았기에 좋은 만남, 생산적인 만남을 이룰 수가 없었던 것이지요. 저 자신 스스로가 좋은 만남이나 나 자신을 업그레이드 시킬 수 있는 만남을 원하는 적극적인 마음을 갖지 않았던 것입니다. 지금은 많이 후회가 되지만, 돌아간 시간을 다시 부를 수는 없지요.

성인이 되어서도 마찬가지입니다. 내 인생을 밝혀줄light up 수 있는 수많은 만남들이 즐비합니다. 내가 그런 만남에 대한 열정을 여전히 소유하고 있다면, 내가 아무리 나이 들어도 나는 내 생을 빛내며 살 수 있고, 죽는 그날까지 발전하며 되어가는 모습으로 존재할 수 있을 것입니다.

되어가는 여러분! 좋은 만남을 원하세요. 그리고 절실히 찾으세요. 그러면 학생시절, 청년시절, 일반인의 시절과 관계없이, 여러분의 삶을 환하게 밝혀줄light up 놀라운 만남과의 클로스 인카운터close-encounter가 찾아올 것입니다.

17

질투하세요

작가들은 자신의 글을 쓰기 이전에 훌륭한 글들을 많이 읽는다고 합니다. 소가 풀을 많이 먹어야 젖이 나오듯이, 작가는 많이 읽어야 제대로 된 글을 쓸 수 있습니다. 많이 읽지 않고 나오는 글에는 깊이가 없습니다. 평상시에 많이 읽지 않았는데 논술 학원을 좀 다닌다고 좋은 논술을 할 수 없는 것입니다. 단순한 글쓰기 실력만으로는 참된 작가가 될 수 없겠지요.

작가들이 글을 많이 읽어야 하는 이유가 하나 더 있습니다. 작가는 남이 쓴 좋은 글을 읽게 되면 은근히 화가 난다고 합니다. 밥맛이 없어지기도 하고, 부아가 치밀어 올라서 어떤 때는 잠도 못 잔다고 합니다. "남은 저렇게 좋은 글을 쓰는데 나는 왜 그러지 못할까?" 하는 고민을 하게 되는 것이지요. 그런 고민 속에서 작가는 자기 글을 잘 쓰고자 하는 강한 욕망을 느낀다고 합니다. 결국 좋은 글이란, 좋은 글들을 읽으면서 느꼈던 도전의식으로부터 나오는 것이지요.

오래 전 동계 올림픽 쇼트트랙 경기에서, 우리나라 선수가 예선

전을 힘 하나 안 들이고 가뿐하게 1위로 통과하자, 해설자가 다음과 같은 해설을 해서 인터넷에 회자된 적이 있습니다.

"아무개 선수… 그 힘든 경기를 땀 한 방울 안 흘리고 너무 쉽게 1위로 해내는 모습을 보니 은근히 화가 나는군요……."

뭐 이런 종류의 멘트였던 것 같습니다. 물론 우리 선수들이 너무 잘해서 해주는 해설자의 칭찬의 말이었습니다. 그러나 다른 나라 선수들은 쇼트트랙 강국인 우리나라 선수의 그런 모습을 볼 때, 진짜로 화도 나고 샘도 났을 것입니다.

천재 음악가 모차르트Wolfgang Amadeus Mozart, 1756-1791의 생애를 독특한 시각으로 다루었던 영화 〈아마데우스1984〉를 아시지요? 극중에서 모차르트보다 연장자였고 자기도 상당한 음악 재능을 가지고 있었던 살리에리Antonio Salieri, 1750-1825는 자기보다 어린 모차르트의 음악적인 천재성을 보고 질투하게 됩니다. 살리에리는 그 질투로 모차르트를 죽게 만들지요. 물론 이 이야기는 증명되지 않은 소문이라고 합니다.

살리에리가 모차르트를 질투한 것은 당연한 것입니다. 음악적인 천재를 알아볼 수 있는 이는 음악에 상당한 능력이 있는 사람이어야 합니다. 훌륭한 음악을 알아볼 수 있는 사람, 훌륭한 글을 구분할 수 있는 사람은, 모두가 그 분야에서 실력이 있는 사람입니다. 그러하기에 자기보다 더 나은 재능과 작품을 보면 감탄도 되고 샘도 나는 것입니다. 그러한 샘이 사실 그 사람에게 도전이 되어 자신도 훌륭한 또 하나의 작품을 만들게 하는 원동력이 되는 것입니다.

쇼트트랙 선수가 아니라면 그저 응원하고 좋아하지만, 쇼트트랙 선수라면 대한민국 쇼트트랙 선수들의 실력을 볼 때마다 샘이 나겠지요? 연주가라면 자신보다 분명히 연주를 더 잘하는 사람을 보면 샘이 날 것입니다. 그러나 그러한 질투가 있기 때문에 사람은 더욱 노력을 하고 자신을 다듬을 수 있는 에너지를 얻게 되는 것입니다.

인간은 샘을 낼 줄 압니다. 물론 애완용 동물도 다른 경쟁자(?)보다 주인의 사랑을 더 받으려고 샘을 내기도 한다고 합니다. 그러나 먹고 살아남는 본능에서뿐 아니라 삶이라는 것, 즉 생生, life을 위해 샘을 내고 질투를 할 수 있는 존재는 이 땅에 인간 외에는 없을 것입니다.

여러분! 내가 샘을 내고 질투를 하는 것은 결코 나쁜 것이 아닙니다. 샘을 낸다는 것 자체가 바로 내가 살아있다는 증거입니다. 샘을 낸다는 것 자체가 내가 어떤 일에 대해서 열정과 관심을 가지고 있다는 것입니다. 샘내고 질투하는 것이 결코 나쁜 것이 아닙니다.

제가 학교 다닐 때는 애니메이션이 거의 일본에서 건너온 것들이었는데, 그중에 〈캔디〉가 참 좋았습니다. 제가 중학교 3학년1977년때부터 몇 년 동안 방영되었지요. 당시에 고등학생이었어도 만화영화 〈캔디〉를 즐겨 보았던 기억이 납니다. 몇 년 후에 재방송도 되었기에, 저를 비롯한 많은 동시대 사람들은 들장미 소녀 캔디가 어려운 여건에서도 사랑받으며 성장하는 모습을 함께 좋아하며 성장했지요.

캔디의 주제곡은 너무나 좋아서 자주 불렀고, 힘들 때 그 노래를 부르며 용기를 얻던 친구들도 있었습니다.

캔디의 주변에는 항상 캔디를 질투하고 시샘하는 조연들이 있었습니다. 그들은 끝까지 캔디를 곤경에 빠지도록 모함을 합니다. 이런 질투는 나쁜 것이지요. 저는 오늘 이런 말초적인 시샘을 말하려는 것이 아닙니다. 이러한 질투나 샘은 격이 낮고 천한 것이며 나 자신의 인격을 깎아내리는 것이지요.

제가 권장하는 질투는 그 샘을 내는 것이 단순한 자기 성질에서 나오는 것이 아니라, 긍정적인 곳, 생산적인 곳에서 나오는 것을 말하는 것입니다. 긍정적인 질투를 가진 사람은 무언가를 해낼 수 있는 사람입니다.

이상하게도 사람은 진정 질투해야 할 때는 질투를 안 하고 필요없는 질투에 자신의 에너지를 소비해 버리지요. 자기보다 잘생긴 사람을 질투하지 말고, 자기보다 무언가를 더 잘하는 사람을 질투하기를 바랍니다. 이것이 사람에게, 특히 젊은이들에게는 에너지가 되기 때문입니다.

내가 악기연주를 나의 인생에서 중요하게 생각하는 사람이라면, 나보다 연주 잘하는 사람을 보면서 질투를 느끼고, 왜 그 사람이 잘하는가를 생각해야 합니다. 적어도 학생이라면 자기관리를 잘하고, 시간을 함부로 소비하지 않는 동료를 볼 때 질투를 느껴야 합니다. 어려운 일을 만나면 나는 허둥지둥하는데, 똑같이 어려운 일을 만나도 침착한 모습을 보이는 친구가 있다면, 우리는 당연히 친구의 그러한 좋은 측면을 질투해야 합니다. 긍정적이고 생산적인 질투를 느껴보세요. 나에게 변화가 찾아옵니다. 내가 더 노력하게 됩니다. 그렇게 될 때 그 질투, 그 시샘은 생산적인 질투, 생산적인 시샘이 되는 것입니다.

직장 업무를 나보다 훨씬 쉽게 즐기며 잘 처리하는 동료를 볼 때, 아니면 똑같은 노력으로 대학원 공부를 나보다 훨씬 더 쉽게 하는 선배를 볼 때 우리는 반드시 질투할 수 있어야 합니다.

영어에 '샘내다', '질투하다'라는 의미인 'jealous'라는 단어가 있지요. 또한 '열정적인', '열정을 가지다'라는 의미의 'zealous'라는 단어도 있지요. 두 단어의 철자가 비슷합니다. 그런데 놀라운 것이 있습니다. 질투하는jealous과 열정적인zealous이라는 두 단어가 같은 어원에서 나왔다는 것입니다. 고대 히브리어에서 나오는 '카나האנק 혹은 אנק'라는 단어는 이 한 단어 안에 '질투하다, 미워하다, 시기하다, 그리고 열정적이다, 어느 분야에 관심이 많다'라는 의미가 함께 들어있습니다. 고대 그리스 어에서도 마찬가지입니다. 고대 그리스 어의 '젤로스, 젤로, 젤로테스ζηλος, ζηλοω, ζηλοτης' 등도 똑같이 '질투하다, 어딘가에 깊이 마음을 쏟다, 열정적이다'라는 뜻을 함께 가지고 있습니다. 특별히 2천 년 전에 로마에 주권을 빼앗겼던 유대인들 중에서 '젤롯당'–번역하면 '열심당'–이 있었는데, 이 사람들은 일제 강점기 때의 우리 의열단義烈團처럼 압제받던 자기 민족 유태인을 위해 로마에 무력으로 저항했던 사람들이었습니다. 바로 이 열심당을 '젤로테스ζηλοτης'라고 불렀습니다. 로마에 저항한다는 것은 그만큼 자신의 나라와 민족에 대한 열정passion, zeal, interest이 강한 사람 아니겠습니까?

이렇듯 질투라는 말에 대한 인도유럽어족Indo-European family of languages 적인 정서는 열정과 관계되어 있습니다.

질투를 한다는 것은 내가 그만큼 어떤 일을 사랑하고 관심이 있기 때문입니다. 또한 누군가를 질투하고 미워한다는 것은 바로 그 사람에 대한 관심과 열정이 있기 때문이지요. 여러분! 혹시 누군가 당신을 미워하는 사람이 있다면, 사실 그 사람은 당신에게 관심을 많이 가지고 있고, 당신을 좋아하는 사람일 확률이 높다는 것을 잊지 마시기 바랍니다. 그 각도가 살짝 안 맞아서 그 관심과 열정과 사랑이 미움과 질투로 표현되는 것이지요.

영국의 소설가 제인 오스틴Jane Austen, 1775-1817이 쓴 〈오만과 편견Pride and Prejudice, 1813〉에 나오는 두 주인공의 이름은 엘리자베스Elizabeth Bennet와 다시Mr Fitzwilliam Darcy입니다. 소설의 처음 부분에서 이 둘은 서로에게 비판적이었지만, 소설의 마지막 단계에서 이들은 서로의 오해를 풀고 사랑을 확인하게 되며 이후 결혼하게 됩니다. 그러나 처음에 그들이 서로에게 느꼈던 비판적인 마음은 사실 서로에 대한 관심interest 때문에 생긴 것이었지요. 어느 순간에 때가 되고, 정리가 되면, 이전의 좋지 않았던 감정들이 사실은 상대에 대한 관심과 열정에서 왔던 것임을 알게 되는 것입니다.

어느 분야에 열정이 있는 사람은 그 분야를 어느 정도 통달하고 있는 이입니다. 아주 못생긴 여학생이 예쁜 여학생을 질투하지는 않습니다. 잘생긴 사람에 대해서 질투하는 사람은 분명코 자신도 잘생긴 사람일 것입니다.

좋은 글을 읽고 샘내는 사람은 분명코 글에 대한 조예가 있는 사람이요, 탁구 잘 치는 사람을 볼 때 부럽고 그렇게 되고 싶다면 그 사람은 당연히 탁구를 좋아하는 사람인 것이고, 좋은 노래를 듣고 도전의식을 느끼는 사람은 작곡가나 가수일 것입니다.

여러분! 열정이나 질투가 없으면 나 자신은 발전하지 않습니다. 특별히 성장의 과정에 있는 젊은이들은 만화 〈캔디〉에 나오는 사소한 질투가 아니라, 제가 지금 강조하는 긍정적인 질투, 자신을 노력하게 만드는 그런 질투를 많이 가지기를 바랍니다.

나이 먹은 성인이 지금도 무언가를 혹은 누군가를 질투할 수 있다면 그는 분명코 지금도 발전 도상에 있는 사람일 것입니다. 사람이 나이 들어 생기를 잃어갈 때가 되면, 그가 갖고 있던 질투도 없어지게 되기 때문이지요. 질투하는 마음이 없어진다는 것은 바로 열정을 쏟게 되는 마음이 하나 둘씩 없어진다는 증거입니다. 나이가 들어도 질투하는 사람! 저도 그런 사람이 되고 싶습니다.

머리가 좋은 사람을 질투할 필요는 없습니다. 그러나 열심히 노력하는 사람, 놀 때는 놀고 공부할 때는 집중해서 효율적으로 공부하는 사람은 반드시 질투해야 합니다. 그 질투가 당신을 행동할 수 있는 사람, 더 나아지는 사람이 되게 해 줍니다. 자기가 해내야 할 목표를 세우고 그 목표를 위해서 아주 구체적으로 준비하고 실행하는 사람을 질투해야 합니다. 아무리 화가 나더라도 함부로 행동하지 않는 그런 사람이 주변에 있으면, 그 모습을 질투해야겠지요. 가난하면서도 자기가 가진 것을 다른 이와 나누고자 하는 사람을 본다면,

당신은 가슴을 치며 그 모습에 철저한 질투를 느껴야 합니다. 그리고 그 비결이 무언가를 당신도 찾아야겠지요.

내가 할 수 없는 일을 하는 사람을 질투할 필요는 없습니다. 피아노를 못 치는 내가 세계적인 피아니스트이자 지휘자인 블라디미르 아쉬케나지Vladimir Ashkenazy, 1937-를 질투할 필요는 전혀 없는 거지요. 나도 할 수 있는 일을 나보다 더 잘해 내는 그 사람을 질투해야 합니다. 그러한 질투가 나로 하여금 더 노력하게 만들고, 계속 도전하는 자세로 살게 해 주는 것입니다.

다 함께 질투거리를 찾아보세요. 긍정적인 질투가 당신을 항상 추구하는 사람으로 살게 해 줄 것입니다. 특별히 되어가는 도상에 있는 젊은이들은, 역사의 거장들을 질투해야 할 것입니다. 또한 현 시대의 거장들을 질투해야 할 것입니다. 그러면서도 주변 동료나 친구들에게서도 크고 작은 질투의 제목들을 많이 느껴야 할 것입니다. 나이가 들었음에도 여전히 질투할 수 있다면 그는 지금도 추구하는 사람임에 틀림이 없습니다.

"다 함께 질투합니다."

그러한 생산적인 질투들이 여러분을 더 나은 사람으로 되어가게 하는 원동력이 될 것입니다.

18

너의 잘못이 아니야(It's not your fault!)

삶에서 가장 힘든 일이 무엇일까요? 사실 자기 자신에게 닥치는 불행, 열심히 해도 목표하는 바를 이루지 못하게 되는 일, 자신의 갈고 닦은 능력이 사회에 아직 외면당하게 되는 일 등이 힘든 일이겠지요. 그러나 또 다른 힘든 일이 있습니다. 그것은 사람과 사람 사이의 관계입니다. 관계가 힘들어지고, 관계에 병이 들게 되면 자신의 삶도 힘들어지고 병이 들게 됩니다. 관계가 좋으면 삶이 즐거워지고, 힘든 일이 있어도 능히 견뎌낼 수 있는 정신적인 에너지를 공급받을 수가 있습니다.

특별히 성격에 문제가 있는 사람을 만나게 되면 그 사람과의 관계에는 위기가 늘 존재하게 됩니다. 관계를 끊어버리면 쉬울 것 같지만, 그럴 수 없는 경우도 많지요. 직장상사의 성격에 문제가 있다고 해서 직장을 끊을 수는 없습니다. 나에게 여러 면에서 유익을 주는 친구인데 그 친구의 성격이 문제라면, 견딜 수 있을 때까지는 친구의 잘못된 성격을 참아내야 합니다.

이번에 저는 사람과의 관계에서 성격에 문제가 있는 사람을 만났을 때 어떻게 해야 하는가를 좀 말해보고자 합니다. 사실 이 문제는 아주 어렵고 광범위한 문제입니다. 그러나 기초 영문법 책을 잠깐 보는 마음으로 아주 쉬운 접근법 하나를 소개해 보고자 합니다. 어느 영화에 나온 이야기를 통해서 해 보려고 합니다.

저는 영화를 좋아합니다. 그렇지만 아무 영화나 보지는 않습니다. 항상 좋은 영화만 골라서 보지요. 고른다는 표현이 좀 그렇지만 미리 보도매체 등을 통해서 적절한 선이해先理解를 가지고 영화를 선택합니다. 감독이나 배우를 미리 확인하고 볼 것을 결정하지요. 물론 미리 파악하고 영화를 보러 갔다가 간혹 실망하는 경우도 있지요.

진정으로 잘된 영화의 특징을 저는 '치유healing'라고 말하고 싶습니다. 드라마나 영화를 통해서 주인공이 나오지요. 그리고 그 주인공이라는 캐릭터에는 어떠한 문제점이 있습니다. 주인공 자신의 문제점, 주인공이 대해야 하는 사람들의 문제점, 혹은 등장인물에게 극중에서 전혀 예기치 못했던 문제들이 닥치는 경우들을 말합니다. 여러 가지 종류의 문제점들을 가지고 있는 주인공은 다른 사람과의 관계에서 갈등을 빚어내게 되지요. 좋은 책이나 영화, 혹은 드라마는 등장인물들이 이런 문제점으로부터 치유 받게 되는 과정을 보여줍니다.

정확하지는 않지만 제가 생각하는 대로 정의해 봅니다. '치료cure'라는 말은 기능적인 부분이 포함되는 말입니다. 의사가 환자를 치료할 때 의료기술을 가지고, 약을 복용하거나, 치료부위를 수술하거나, 꿰매어 줌 등등으로 그 환자의 병을 고쳐주는 것을 말합니다. '치유heal'라고 할 때는 몸에 생긴 병뿐 아니라 마음과 성격에 종합적으로 다가오는 질병들을 의사의 진정한 정성과 마음의 교류를 가지고 고치는 것을 말하지요. 진정한 치유 뒤에는 새로운 삶이 찾아오게 됩니다. 그것이 치유의 위대함입니다.

이제는 고인이 된 마이클 잭슨Michael Jackson, 1958-2009의 아름다운 노래 〈Heal the World〉를 꼭 들어보세요. 이 노래의 가사에서 강조하는 것이 바로 '치유'입니다. 이 노래에는 온 세계의 기아나 질병으로 죽어가는 어린이들을 돕고 세상을 치유하자는 귀한 사상이 들어있습니다. 참으로 대중예술의 힘이 얼마나 큰가를 알려주는 노래였지요. 마이클 잭슨도 이 노래를 만든 것을 아주 기쁘게 생각했으며, 실제 그의 장례식에서도 이 노래가 불려졌습니다.

영화나 드라마나 책에서 소위 우리가 "잘되었다.", "감동받았다."라고 말하는 것들에는 이런 치유의 내용이 들어있는 경우가 많지요. 치유의 내용이 들어있는 작품을 대할 때 사람들은 대리 치유를 받기도 하고, 깨닫기도 하고, 카타르시스를 얻기도 합니다.

이번에 함께 생각할 영화의 내용은 〈굿 윌 헌팅Good Will Hunting, 1997〉입니다. 2,000년대의 〈본 아이덴티티The Bourne Identity, 2002〉 시리즈로 유명한 하버드 대학교 영문과 출신인 맷 데이몬본명: Matthew Paige Damon이 20대 시절에 스스로 각본을 쓰고 출연했던 영화입니다. 그해 아카데미 시상식에서 각본상도 받았습니다. 맷 데이몬은 대단한 재능의 작가 겸 배우이지요. 이 영화의 제목을 번역하자면 '착한 청년 윌 헌팅' 정도라 생각해 볼 수 있습니다. 보통 헌팅이라는 말이 들어가서 무슨 사냥을 나가는 영화인가? 하는 생각이 들지만, 극중에서 윌 헌팅은 그냥 주인공 청년의 이름이지요.

주인공 윌 헌팅은 20여 세의 가난한 청년인데, 천재입니다. 특별히 수학에 엄청난 재능이 있습니다. 그런데 그의 성격은 어려운 환경에서 커왔기에 아주 엉망입니다. 그의 성격은 괴팍하며 안하무인이지요. 그는 공공 도서관에서 많은 책을 읽습니다. 그러면서도 그는 하버드 대학 근처의 바Harvard bar 같은 곳에 놀러가서 그곳 우등생들에게 집적거려 자신의 엄청난 지식으로 그들과 토론하여 지知적으로 그들을 묵사발 내는 것을 좋아하고, 별다른 이유 없이 마초적인 싸움질하기를 좋아하여 수없이 폭행죄로 재판을 받습니다.

윌의 공격적인 성향은 그의 어려운 환경에서 비롯된 것입니다. 그는 가난하기에 학교에는 못 다니고, MIT 공대에서 복도 바닥 청소를 하며 삽니다. 그의 마음은 좋은 환경에서 비싼 등록금을 내고 명문대에 다니지만 자기보다 지식이 훨씬 떨어지는 그곳 학생들을 조롱하며, 증오합니다.

그런데 윌이 일하는 MIT 공대의 수학과 교수가 아주 어려운 문제를 복도의 칠판에 내면서 이것을 기말까지 푸는 학생에게는 상을 줄 것이고, 자신의 수제자가 됨은 물론 부와 명예까지도 기다릴 것이라 합니다. 전교생이 다 못 풀고 있는데, 어느 날 우리의 주인공 윌이 복도를 청소하다가 그 문제를 보게 되지요. 윌 헌팅은 그 칠판에다가 문제를 풀어놓습니다. 학교가 발칵 뒤집혔지만 아무도 누가 풀었는지를 알지 못합니다. 교수는 다시 어려운 문제를 복도 칠판에 내고, 청소하다가 이 문제를 풀던 윌은 교수를 보고 도망칩니다. 교수는 수소문해서 그가 윌이라는 청년임을 알아내지요.

미치오 카쿠加來道雄 Michio Kaku, 1947- 라는 물리학자의 저서『평행우주』를 읽다 보니 영화에 나오는 문제는 아주 어려운 난제인 '타원 모듈라 함수elliptic modular function'라는 것이었고, 영화 내용도 라마누잔 Srinivasa Ramanujan, 1887-1920이라는 실제로 가난하고 불행한 삶을 살았던 인도 출신의 한 수학천재의 이야기를 패러디한 것이라고 합니다. 또 어떤 분들은 영화에서 수학난제를 푸는 장면이 1962년에 수학계의 노벨상이라 불리는 필즈상Fields Medal을 수상했던 존 밀너John Milnor, 1931- 라는 수학천재의 이야기라고 말하기도 합니다.

다시 스토리로 돌아가서, 세계적인 수학자들도 쩔쩔매는 문제를 쉽게 푸는 윌이지만, 그는 또다시 경찰 폭행죄로 거액의 보석금을 내고 일정기간의 정신과 치료를 받지 않으면 감옥살이를 해야 하는 상황이 됩니다. 이때 MIT의 수학과 교수가 윌을 찾아옵니다. 그리고 윌에게 말하지요. "감옥에 있을 테냐? 아니면 보석금을 지불하고 나와서, 정신과 치료를 받으면서 나와 함께 수학을 하겠느냐?" 윌은 정신과 치료는 싫었지만 그래도 감옥살이보다는 보석을 택합니다.

세계적인 수학자와 수학을 하는 것은 좋은 일이었지만, 정신과 치료에서는 그 누구도 윌의 망나니 같은 성격을 감당하지 못합니다. 심리치료사들은 윌보다도 심리학 지식이 부족했습니다. 다 실패하고 마지막으로 윌을 맡게 된 사람이 바로 심리학 교수인 숀 맥과이어Sean McGuire, 로빈 윌리암스 분였습니다. 윌은 숀 교수에게도 막 대하려 하지만 이상하게도 숀에게는 함부로 할 수 없는 그 무엇이 있었습니다.

고수에게는 고수만의 카리스마가 있기 마련인가 봅니다. 상담시간을 채워야만 자유로워질 수 있는 윌이기에 숀 교수와의 만남의 시간은 지켜져야 했고, 긴장스러운 만남의 횟수가 거듭되는 가운데 윌에게는 보이지 않는 변화가 찾아오고 있었습니다.

숀 교수와 윌은 긴장관계를 넘어서게 되면서 서로 소통하게 되지요. 소통이란 누군가가 소통해야 되겠다고 생각한다고 쉽게 이루어지는 것이 아닙니다. 소통이란 인위적인 것이 아니라 자연스럽게 서로의 마음이 열려질 때 가능해지는 것이지요.

윌에게는 어렵고 힘든 성장환경이 있었고, 숀 교수는 사랑하는 아내를 먼저 저 세상으로 보내야 했던 아픔이 있었습니다. 윌이나 숀 교수 모두가 어린 시절에 아버지로부터 폭행을 당하며 자랐던 아픔이 공통적이기도 했습니다. 윌은 이후에 부모 모두를 잃어버려 힘든 삶을 살았습니다. 숀 교수도 잃는다는 것이 무엇인지, 다시 말하면 버림받는다는 것이 무엇인지를 경험한 사람입니다. 이러한 아픔을 교류하면서 갈 세대와 올 세대의 교감이 이루어지지요. 마치 이 책에서 제가 언급했던 〈여인의 향기〉에서처럼 말이지요. 저는 〈시네마 천국〉 같은 기성세대와 신세대 간에 서로의 대화와 관계를 나누는 아름다운 내용의 영화를 참 좋아합니다.

한국적인 정서에서는 어른과 아이혹은 젊은이와의 교감이 많지 않습니다. 우리에게는 장유유서長幼有序라는 유교적 사상이 강해서 엄격한 사제관계는 있어도, 자상한 교감의 사제관계師弟關係, 친구 같은 장유관계長幼關係가 쉽지 않지요. 영화에서 윌과 숀 교수는 많은 시간은 아니지만 이러한 관계를 통해서 서로에게 많은 것을 나누어 주게 됩니다.

윌의 의무 정신 치료기간은 무슨 배움이나 교정의 자리가 아니었습니다. 둘의 사이는 치료자와 환자의 관계가 아니었습니다. 서로간의 아픔에 대한 공감을 나누는 자리가 되었지요. 그것이 진정한 치유인 것입니다. 이러한 치유를 해 줄 수 있는 사람을 만날 수 있다면 그 사람의 인생은 참 행복한 것입니다.

윌이 자신의 천재적인 머리와 책을 통해서만 알고 있는 화려한 지식보다 미켈란젤로의 그림 하나라도 직접 보고 경험하여 느끼는 것이 훨씬 귀한 것임을 숀은 알려줍니다. 윌은 사랑하는 하버드 재학생 여자 친구를 만나고서도, 그 여인이 자신을 버릴까 봐, 자신을 진심으로 사랑하는 그녀를 끊고자 합니다. 어려서부터 경험했던 힘든 환경 속에서 윌의 마음에 병이 들어있었던 것이지요. 숀 교수는 직접적인 화법이 아니라 자신의 삶을 먼저 말해줍니다. 윌의 마음 문도 조금씩 열리게 됩니다.

윌이 해야 할 치료기간이 다 끝나서 마지막 만남의 시간이 되었습니다. 저뿐 아니라 영화를 사랑하는 모든 사람들이 감동받은 장면입니다. 숀 교수는 치료기간이 잘 끝났다는 내용을 적은 법원에 제출할 서류를 작성했습니다. 숀 교수는 윌에게 그 서류를 보여주면서 "이 안에 쓰여 있는 것들은 다 헛소리야You see this? All this shit."라고 말합니다. 그러면서 숀 교수는 정신 나간 사람처럼 윌을 바라보면서, "너의 잘못이 아니야!It's not your fault!"라는 말을 미친 듯이 10여 차례 반복합니다.

윌은 마지막에 울음을 터뜨리지요. 윌은 누구에게 미안한 건지 자신도 미안하다는 말My God. I'm so sorry! My God!을 합니다. 자신의 삐뚤었던 그동안의 삶에 대한 참회의 마음이겠지요. 숀 교수는 윌에게 "다 잊어버려라Fuck them okay?"라고 대답합니다. 지난날의 모든 일-자신이 고통을 당했던 시절의 일, 그리고 자신이 비행을 일삼았던 지난날의 일들-을 쓰레기통에 넣어버리라는 말이겠지요. 윌이 치유되는 장면입니다. 이 영화의 가장 감동적인 장면이지요.

영화 〈굿 윌 헌팅Good Will Hunting〉은 마음속에 문제성이 있는 사람이나, 문제성이 있는 사람에게 도움을 주어야 할 사람이 꼭 보아야 할 좋은 이야기라고 생각합니다. 세상의 모든 사람들은 자기 자신부터 시작해서 모두가 정신적인 문제점들을 가지고 삽니다. 그 증세가 다소 크다 작다의 차이일 뿐입니다. 그 증세가 좀 더 클 때 그를 '정신병자'라고 말하게 되는 것입니다. 또한 "심리학적으로 정신과적으로 나는 아무 문제가 없어!"라고 생각하는 사람은 자신의 정신에 아주 큰 문제가 있는 사람입니다.

오래 전 대학원에서 정신분석학에 대한 강의를 들은 적이 있었습니다. 그때 저는 많은 심리학자들이 자신의 심리적인 문제를 해결하고자 하는 마음으로 심리학을 공부한다는 말을 들었습니다. 인간은 그 수많은 사람들이 다 똑같지가 않습니다. 인간의 마음은 천차만별인 것입니다. 그러면서도 인간은 모두가 정신적으로 약간의 문제가 있는 존재들입니다.

중요한 것은 내 마음에 이상한 부분이 좀 있다고 해서 그것이 수치의 대상이 아니라는 것입니다. 역으로 말해서, 상대의 마음에 이상이 있다고 해서 그 사람을 심하게 비난해서는 안 된다는 것입니다. 정신이 아픈 것은 육신이 아픈 것처럼 그저 아픈 것입니다.

육신이 아프게 되면 그 원인이 있습니다. 균에 감염이 되었거나, 무언가에 부딪혀서 피가 나고 뼈가 부러지지요. 상처를 입고 꿰매고 또 크게 흉이 지기도 합니다. 정신도 마찬가지입니다. 정신도 어떠한 다른 요인으로 인해서 아프게 됩니다. 그리고 상처가 생기게 됩니다.

중요한 것은 육체가 아프나 정신이 아프나 다 똑같이 아픈 것인데, 나의 정신이 아프면 나의 행동이나 처신에 문제가 생기게 되고, 나도 모르게 다른 사람에게 또 다른 상처를 입히게 되고, 그것으로 인해 나와 연관되는 다른 사람과의 관계가 나빠지게 됩니다. 상대가 나의 정신이 아프다는 것을 모르기 때문입니다. 만일 상대가 나의 정신이 아프다는 것을 안다면 나를 이해할 수 있게 되지요.

위기상담crisis counseling을 공부할 때 배운 것인데요. 심리적으로 위기crisis 상태에 있는 사람은 다른 사람과의 관계에서도 위기를 불러일으키게 된다고 말합니다. 무슨 말이냐 하면, 현재 자신의 상황이 힘들거나 심리적으로 어려운 상황에 있게 되면, 나도 모르게 남에게 똑같은 상처를 입히게 된다는 것입니다.

학교에 한 말썽쟁이 학생이 있습니다. 이 학생은 선생님 말을 도무지 들으려 하지 않고 다른 학생들을 괴롭힙니다. 혼내도 안 되지요. 선생님은 어느 날 시간을 내어 이 학생의 집을 찾아갑니다. 그 문제아의 집에 간 선생님은 그 학생의 환경이 말도 안 되는 어려운 모습인 것을 알게 됩니다. 그리고 그 학생을 무작정 혼내기만 했던 일을 후회하게 되지요.

"너의 잘못이 아니야It's not your fault!" 라는 말은 성격이 좋은 사람 역시 힘들고 어려운 여건에 있었다면 지금처럼 좋은 성격의 소유자가 되기 힘들다는 것을 인정하게 하는 말입니다. 물론 갖은 악조건 속에서도 좋은 성격으로 사는 사람도 있습니다. 그러나 그런 사람은 너무나 위대하고 아주 특별한 사람이지요.

우리의 삶에서 문제 있는 사람을 발견하게 될 때, 절대로 "아무 아무개는 말도 안 되는 사람이야!"라고 단정 지어 그 사람을 버리지 마세요. 많이 참고 노력해도 안 되면 할 수 없습니다. 그러나 우리의 기본적인 마음은 "너의 잘못이 아니야It's not your fault!" 라는 측면에 서 있어야 합니다. 말도 안 되는 행동이나 성격을 만나게 되면, "그에게 어떤 위기가 있었거나, 지금 있겠구나."라고 생각하는 것이 우선입니다. 이런 마음을 갖게 되면 나 자신의 정신건강에 좋습니다. 관대한 마음을 가질 때 나의 마음이 더욱 편해집니다. 내가 입게 될 상처를 약화시켜 줍니다.

물론 정말로 친한 친구나 평생의 반려자에게 너무 정신적인 결함이 많으면 힘들겠지요. 그렇지만 일반적으로 우리의 삶에서 접하게 되는 사람들을 통해서 힘든 일들이 생길 때, "너의 잘못이 아니야"It's not your fault! 라는 생각을 가져 보시기 바랍니다. 나의 마음이 편해지고 나에게 이익이 됩니다. 사람을 미워하지 않게 됩니다. 미워하는 것보다는 그 사람이 힘든 여건 속에 있다는 생각으로 오히려 그 사람을 이해해 주고, 위해 줄 수 있게 되는 것입니다. 사실은 이것이 치유인 것입니다. 내 마음이 편해지고, 그 사람에게도 언젠가는 나의 이 모습이 느껴지게 될 때, 정말로 따뜻한 사람 냄새를 마음껏 주고받을 수 있게 되는 것입니다. 이것이 참된 치유인 것입니다.

결국 〈굿 윌 헌팅Good Will Hunting〉이라는 영화 제목에서처럼, 문제아인 윌은 '나쁜 청년 윌'이 아니고 '착한 청년 윌'인 것입니다. 그 사람의 행동만을 보고 그 사람 전체에 대해서 '나쁘다'고 결론을 내릴 수는 없는 것입니다. 그 사람의 환경과 자라난 배경, 현재의 상황을 알게 되면, "그 사람의 잘못이 아니야, 그 사람은 사실 착한 사람이야."라고 생각할 수 있게 되는 것입니다.

되어가는 존재인 여러분! 여러분의 삶에서 힘든 인간관계를 만나게 될 때 "너의 잘못이 아니야It's not your fault!" 라는 마음을 통해서 여러분의 마음이 위로받기를 바랍니다. 그 마음이 또한 여러분의 마음을 더 넓게 해주고, 더 많은 시간이 지나면, 많은 사람들이 당신의 곁을 떠나지 않고 당신을 귀한 사람이라고 고마워하게 될 것입니다.

19

등신

이십 몇 년 전 대학원에 다니던 시절, 저는 생계를 위해 입시학원 강사로서 영어를 가르쳤습니다. 수능을 준비하는 고등학교 학생반을 담당했지요. 강의가 비었을 때 교무실에 앉아서 다른 강사들과 대화하는 것이 당시 저에게는 참으로 즐거운 시간이었습니다. 그 시절에는 학생들을 가르치는 것보다 다른 선생님들하고 대화하는 것이 훨씬 더 즐거웠던 것으로 기억됩니다. 저만 빼놓고 다들 입시계에서 경력과 명성이 있던 베테랑 선생님들이었습니다.

그때 국어담당 선생님이 해 주셨던 이야기입니다. 국어 선생님은 고故 양주동 박사梁柱東, 1903-1977의 제자이셨습니다. 양주동 박사님은 처음에는 영문학을 공부하셨지만, 어려서부터 익히셨던 한학漢學의 실력으로 오히려 신라 향가鄕歌 등 한국의 고가古歌를 연구하여 국문학계에 큰 업적을 남기신 분입니다.

이분이 교수 시절에 국문학과 대학원 입학시험을 출제하셨는데, "등신에 대해서 논하시오." 라는 문제가 있었다고 합니다. 등신! 자주 쓰는 말이지요?

등신. 사전을 찾아보면 여러 가지 의미가 있습니다.

먼저 몹시 어리석은 사람을 얕잡아 부르는 말의 등신等神이 있지요. 옛날에는 나무, 돌, 흙, 쇠 따위로 사람 형상을 만들었는데 이것을 등신이라 했다 합니다. 처음에는 신상神像이라는 개념으로 사용하였는데, 점점 바보 같은 사람을 표현할 때 쓰는 말이 된 것이라 합니다. 사람형상이지만 가만히 있기만 하니, 멍청해 보이고 아무 생각이 없어 보일 수밖에 없지요. 그래서 이것을 등신이라 합니다.

또 하나, 등신等身은 실제 자기 키와 같은 높이를 말합니다. 국어시간에 배운 김동리金東里, 1913-1995의 소설 「등신불等身佛, 1961」을 생각하면 됩니다. 심오한 불교사상을 보여준 소설로 극중 주인공인 만적이 자신의 몸을 태워 소신공양燒身供養을 하게 되는 과정을 그리고 있지요. 그 모습 그대로에 금박을 입혀 그것이 바로 사람의 실제 크기와 똑같은 불상, 등신불이 된 것입니다.

그럼 양주동 박사님이 요구하는 등신의 답은 무엇이었을까요?

등신等身은 공부 잘하는 사람, 학자와 관계있는 말입니다. 공부 잘하는 사람은 최소한 자기가 관심 있는 분야의 책을 자기 키만큼 읽어야 한다는 것입니다. 키가 175센티미터라 하고, 책 한 권의 두께를 1.5센티미터라고 하면 116권 정도가 나옵니다. 적은 수가 아니지요. 적어도 그 정도의 책은 읽어야 자기 분야의 전공이 있다고 말할 수 있을 것입니다.

여러분은 자기 전공분야, 자기가 관심 갖는 분야의 책을 몇 권이나 읽었나요? 제가 생각하기로는, 대학교 학부과정 정도를 제대로 공부하는 사람이라면, 전공과목을 공부하기 위해 적어도 100권 정도의 책을 읽게 될 것이라 생각합니다. 쉽지 않은 양이지요.

그런데 양주동 박사님은 여기에서 말을 끝내지 않으셨답니다. 양주동 박사님은 "진정으로 학자라 말하려면 평생 공부하고 책을 읽으면서 자기의 저서著書를 등신等身, 자기 키 만큼 만들어야 한다."고 말씀하셨다는 것입니다. 이것은 참 어려운 일이지요. 죽을 때까지 거의 일 년에 한두 권 이상의 책을 내어야 가능한 일입니다. 그런데 학자라면 그렇게 해야 한다는 것입니다.

대학원 출제 문제의 답은 여기에서 그치지 않습니다. 진정한 학자가 되어서 공부를 많이 하고 수많은 저서를 내다 보면, 진정한 등신等神이 되어야 한다는 것이 정답에 추가됩니다. 진정한 학자는 바보가 되어야 한다는 것입니다.

수많은 책을 읽고 수많은 저서를 내기 위해서는 오로지 연구하는 길밖에 없습니다. 그렇게 공부만 하는 사람은 창경궁에 언제 무슨 꽃이 피는지? 지금 어느 노래가 유행하고 있는지? 어느 영화는 꼭 봐야 한다는 것 등을 모르고 살 수밖에 없다는 것이지요. 시대의 흐름 모두를 다 알고, 할 것 다 하면서는 결코 진정한 학자가 될 수 없다는 것이 양주동 박사의 가르침이었습니다.

참으로 대학자다운 말씀입니다. 학문과 등신의 관계를 잘 표현하신 것 같습니다. 물론 제가 요즘에 대하는 젊은이들 중에는 공부도 잘하면서 시대와 문화에 뒤떨어지지 않고 이것저것을 다 잘하는 사람도 많습니다. 그러나 양주동 박사님이 말씀하시는 등신의 기본 의미는 참으로 중요하다고 생각해 봅니다.

저는 양주동 박사의 등신론을 생각하면서 어리석은 존재로 표현되는 등신等神에 대해서 좀 더 생각해 보고자 합니다.

저는 아주 어린 나이에 목회자가 되었습니다. 그러다 보니 어려서부터 공적인 일, 다른 사람들에게 도움이 되는 일에 몰두하며 살았습니다. 다른 분들의 삶의 이야기를 들어주며 상담도 많이 합니다. 그런데 이상하게도 저 자신의 일에 대해서는 항상 어리석은 판단을 내리거나 생각이 모자란 경우가 많습니다. 잘 속는 편입니다. 휴게소에서 노점상을 도와주고 싶은 마음에 그 사람의 물건을 샀다가 속은 적도 많습니다.

그렇지만 저는 여러분들에게 등신等神을 강조하고 싶은 마음이 더 큽니다. 왜냐하면 현대인들은 모두가 너무나 똑똑하기 때문입니다. 똑똑해야 남에게 이용당하지 않고, 이해관계에서도 손해를 보지 않습니다. 요즘은 어린이들도 아주 똑똑합니다. 쉽게 생각했다가 어린이들에게 혼나는 경우도 많지요.

저희가 청년이었을 시절에는 이익을 따져보지 않고 살았습니다. 오직 의리가 우선이었지요. 내가 원하지 않는 길이라도 친구가 가자고 하면 친구를 위해서 가기도 하였습니다. 기숙사에서 생활할 때, 밤에 친구가 떡볶이를 먹자고 할 때 배가 불러도 분식집에 같이 가는 것은 누구에게나 기본이었지요. 적절하게 미련한 모습이 더 마음에 와 닿지 않습니까? 너무나 영악하고 똑똑한 모습보다는 털털하고 어수룩해 보이는 사람이 더 매력 있지 않습니까?

공부만 하는 사람은 현실 이해관계에 어두워 실수하는 일이 생겨납니다. 그래서 등신이 되는 것이지요. 그것은 머리가 나쁘다는 것이 아니라 마음이 순하다는 것입니다.

양주동 박사님의 말씀처럼 공부에 몰두하느라, 혹은 자신의 전문분야에 몰두하느라 세상물정에 잠시 눈이 어둡게 되는 것은 흉잡힐 일이 아니라 자랑스러운 것입니다. 사람은 자신의 전문분야에 어느 정도 도가 트이게 되면 그 분야를 통하여 반드시 남에게나 이 사회에 기여할 수 있게 됩니다. 그런 의미 있는 일을 위해서 잠시 등신이 되는 것! 100년이라는 장거리 경주를 뛰어야 하는 우리네 인생에서 반드시 필요한 것입니다. 이것저것 다 하면서 결코 전문인이 될 수는 없습니다. 등신이 되어야 합니다. 몰두해야 합니다.

흔히 우리가 모차르트Wolfgang Amadeus Mozart, 1756-1791 하면 음악천재라고 말합니다. 모차르트가 어려서부터 음악에 천재였던 것은 맞습니다. 그러나 그가 훌륭한 작품들을 그렇게 많이 만들 수 있었던 이유는, 그가 어려서부터 음악에만 몰두했기 때문임을 잊어서는 안 될 것입니다.

"나는 무엇 무엇 때문에 등신이 되었습니다." 이 말을 만들어 보세요. 나는 수학 때문에 등신이 되었습니다. 나는 무엇 무엇을 항상 생각하며 연구하느라 등신이 되었습니다. 나는 그녀를 진정으로 사랑하느라 등신이 되었습니다. 여러분이 진정으로 하고 싶은 것을 넣어서 말해 보세요. 그냥 '등신' 하면 나쁜 말이지만, 무엇 무엇을 위해서 등신이 되었다 할 때는 그 등신 됨이 아주 귀한 것이요, 무언가를 위해 노력하고 정진하기 위한 여러분의 등신 됨이 꼭 필요하고 의미 있는 것으로 변하게 됨을 기억하시기 바랍니다.

등신이 되어야 하는 분야가 또 있습니다. 나쁜 일, 악한 일에는 등신이 되어야 합니다. 간혹 이것저것 다 경험해 본 사람이 더 멋있어 보일 때가 있습니다. 나쁜 일, 해서는 안 될 일을 해놓고는 "너 무엇 무엇 해 봤니? 나는 해 봤어."라고 말하며 으쓱하는 사람들이 있지요? 전혀 그렇지 않습니다. 단지 사람들 모아놓고 떠벌리는 데에는 혹 재미있을지 모르지만, 하나도 좋을 것 없습니다. 나쁜 일에는 등신이 되는 것이 좋습니다.

그러나 좋은 일, 보람 있는 일, 아름다운 추억을 남기는 일, 남과 사회를 위한 일에는 지혜로워야 합니다. 어떻게 하면 이 순간에 남에게 도움이 될 수 있을까? 하는 일들에는 순간순간 지혜로워야 합니다. 어떻게 하면 지금 이 순간이 평생 기억해도 좋고 소중한 시간이 되게 할 수 있을까? 하는 생각에 지혜로워야 합니다. 어렵고 난처한 일을 만났을 때, '어떻게 하면 이 어려움을 전화위복의 사건으로 만들 수 있을까?'에 지혜로워야 합니다.

그러나 나쁜 일에는 등신인 것이 좋습니다.

여러분! 과연 등신이 되는 것이 나쁜 일인가요? 등신이 되면 손해 보는 건가요? 물론 손해를 보는 것이 너무 크고 자주 반복되면 좋을 것이 없겠지요. 그러나 내가 손해를 좀 본다면, 나의 상대는 분명코 이익을 좀 봅니다. 저는 이것을 우스갯소리로 '질량 보존의 법칙' 이라고 부릅니다. 등신은 다른 존재에게 보시布施, 불교용어. 자비심으로 남에게 재물이나 불법을 베푸는 것를 하며 사는 것입니다.

'똑똑이'는 절대로 손해를 보지 않고 삽니다. 그런데 거꾸로 생각해 보세요. 내가 손해를 안 보았다면 누군가 다른 사람이 나 대신 손해를 본 것입니다. 깊이 생각해 보면, 내가 손해를 안 보았다는 것은 누군가가 나 대신 손해를 보았다는 것이기에, 훗날 가책을 느끼게 됩니다. 내가 좀 손해를 보는 것이 훗날을 생각해 보면 훨씬 더 내 마음을 편하게 해주는 것입니다.

맨날 똑똑한 사람은 가끔씩 의도적으로 등신이 되어 보세요. 어느 날을 정해서 "오늘만은 등신으로 하루를 보내보자." 라고 생각해 볼 필요가 있습니다. 등신이 되는 것은 마음이 편해지고 넓어지게 됨을 누릴 수 있게 합니다.

자기 이익만 생각하지 말고, 남을 우선으로 생각해 보세요. 자기 이익에 등신이 되면 일차적으로는 잃는 것 같고 손해 보는 것 같아도, 그 등신 됨으로 인해 내면적으로 또한 인생이라는 기나긴 마라톤에서는 훨씬 얻는 것이 더 많습니다.

등신을 말하다 보니 저 자신도 마음이 순해지고 편해짐을 느낍니다.

등신의 마지막 의미를 하나 더 말하겠습니다. 바로 무언가 자신의 업적을, 자신이 이룩한 의미 있는 일을 자기 키만큼, 등신等身만큼 쌓는 일입니다. 학자는 자신이 저술한 책의 양으로 말하겠지만, 꼭 책이 아니더라도 자신의 역할로 생겨난 귀한 일들이 자꾸 쌓여감을 늘 확인하면서 기뻐하고, 보람을 느끼면서, 더 쌓기를 다짐하며 살아야 함을 잊지 마시기 바랍니다.

사소한 일이라도 내가 좋은 일을 함으로 다른 사람에게 도움이 되었다면 그것이 책 한 권인 셈입니다. 디자이너는 자신이 디자인한 것들의 수가 시간이 지나갈수록 많아지고 쌓이게 될 때 자신도 등신의 길을 가는 것이지요. 사업하는 사람은 자신의 사업으로 여러 존재들이 서로 간에 도움을 주고받게 될 때마다 자신의 등신의 두께가 점점 두꺼워지는 것입니다. 선생님들의 아름다운 가르침으로 그분을 거쳐 가는 학생들이 정말로 귀한 것들을 배우고 그 학교를 떠날 때마다 선생님의 등신의 두께가 두꺼워지는 것이지요.

사람은 나이가 많든 적든 반드시 자신의 목표를 세워야 합니다. 그 목표를 위해서 정진하고 최선을 다하는 가운데 약간은 등신이 되어야 합니다. 목표를 가진 등신, 다시 말해서 '자신의 목표를 위해 되어가고 있는 등신'은 전혀 부끄러운 존재가 아닙니다. 나쁜 일과 불순한 마음을 갖는 일에 대해 등신인 사람은 순수하고 아름다운 것입니다. 그리고 내가 목표한 일, 내가 꿈꾸는 분야에서 내가 해낸 제목들이 하나씩 둘씩 쌓여갈 때마다 그것을 가장 귀한 기쁨으로 알고, 그것을 더 많이 쌓을 수 있는 마음을 더욱 확인하는 등신의 사람! 그 등신의 삶이야말로 가장 고귀한 것 아닐까요? 평생의 의미 있는 삶을 다 살고 아주 노년의 모습이 되어 "나는 무엇 무엇을 위해서 이제껏 등신처럼 살아왔습니다."라는 말을 해보고 싶습니다.

20

공주는 잠 못 이루고

이탈리아가 낳은 세계적인 작곡가 자코모 푸치니G. Puccini, 1858-1924는 수많은 오페라를 남겼지만, 그중에서 〈투란도트Turandot, 1926〉는 스토리나 예술적인 독창성이 아주 뛰어난 작품이라고 합니다. 푸치니는 〈투란도트〉를 작곡하다가 건강 악화로 마지막 마무리를 하지 못한 채 세상을 떠났고, 마지막 부분은 후배 작곡가가 완성한 것이라 합니다.

흔히 오페라는 스토리가 단순하거나 빈약하여 멜로드라마 분위기가 나는 경우가 많습니다. 더구나 오페라의 등장인물은 영화처럼 실제 스토리에 맞는 외모나 나이가 아니라 성악을 잘하는 사람으로 구성되어 있지요.

오페라는 오로지 음악을 듣고 이해하기 위한 서양 사람들의 문화 중에 하나인 것입니다. 그러다 보니 상당수 오페라의 스토리가 단순하고 별 매력이 없는 경우가 많습니다. 그래서 저는 개인적으로 오페라에 열광하는 사람은 아닙니다. 또한 오페라는 서양 사람들의 것이기에 문화가 다른 우리 동양인들과 뚜렷한 감동을 함께 나누기가 쉽지 않은 것이 사실입니다. 오페라를 이해 못 한다고 교양이 부족한 사람은 결코 아닙니다. 혹 오페라를 잘 이해하고 언급할 줄 안다고 해서 그 사람이 정말로 교양 있는 사람이라고 생각할 필요도 없겠지요? 그것은 우리의 것이 아니기에 늘 생소한 것입니다.

그런데 〈투란도트〉는 스토리 자체가 수준이 다릅니다. 일단 동화처럼 재미있고 신비적이며, 사랑의 강력한 힘을 표현하고 있습니다. 우리가 흔히 '얼음공주'라고 말하는 투란도트가 주인공이지요.

〈투란도트〉의 배경은 중국입니다. 아름다운 외모의 투란도트 공주소프라노는 자신에게 청혼하고자 오는 외국의 왕자들에게 세 가지의 수수께끼를 냅니다. 그것을 풀면 결혼이요, 못 풀면 참수형입니다. 많은 이들이 도전하지만 비운의 주인공들이 됩니다. 주인공 칼라프 왕자Calaf, 테너도 공주의 미모에 감동하여 죽음을 무릅쓰고 수수께끼에 도전하는데, 문제를 다 맞히게 되지요. 그래도 공주의 마음 문은 열리지 않습니다. 이때 오히려 칼리프 왕자가 문제를 냅니다. 만약에 공주가 자신의 이름을 새벽까지 알아내면 자신은 기꺼이 사형을 당할 것이요, 공주가 자신의 이름을 알아내지 못한다면 자신의 완벽한 승리가 될 것이며, 공주와 결혼할 것이라고 말하지요. 공주는 아랫사람들에게 "왕자의 이름을 알아낼 때까지 잠들지 말라" 는 명령을 내립니다. 이 광경을 보면서 칼라프 왕자는 자신의 승리를 확신하며 그 유명한 아리아 "Nessun DormaNo one must sleep 아무도 잠들지 말라"를 부릅니다. 이 아리아를 우리는 "공주는 잠 못 이루고" 라고 부르지요.

공주야말로 그날 밤잠을 잘 수가 없을 것이기에 "공주는 잠 못 이루고"라는 번역이 그리 틀린 것만은 아닌 것 같습니다.

저는 이 아리아 "공주는 잠 못 이루고"라는 노래를 가장 잘 불렀던 두 사람에 대해서 이야기 하려고 합니다. 한 사람의 이름은 루치아노 파바로티Luciano Pavarotti, 1935-2007이고, 다른 사람은 폴 포츠Paul Robert Potts, 1970-라는 사람입니다.

파바로티는 얼마 전에 세상을 떠난 당대 최고의 성악가이지요. 음악의 본고장 이탈리아 사람입니다. 좀 더 살 수도 있었을 텐데 하는 아쉬움이 아직도 사람들의 마음속에 남아 있는 사람입니다. 파바로티는 성악가이면서도 가장 대중적인 사람이었습니다.

파바로티는 이 "공주는 잠 못 이루고"를 잘 불렀고 녹음도 했지만, 정작 푸치니의 오페라 〈투란도트〉에는 별로 출연하지 않았다 합니다. 그럼에도 불구하고 파바로티가 부른 "공주는 잠 못 이루고"는 1990년대 영국의 음반 싱글 차트에 2위까지 올라가기도 할 정도로 대중들에게 큰 인기를 누렸습니다. 클래식 곡이 2위까지 올라간 것은 파바로티의 "공주는 잠 못 이루고"가 처음이었다고 합니다.

지금은 원하는 사람의 공연 동영상을 쉽게 볼 수 있었지만, 예전에는 TV에서나 볼 수 있었지요. 저도 예전에는 TV로 파바로티의 공연을 보고 비디오테이프에 녹화하곤 했습니다. 그때 음악평론가의 해설이 기억납니다. 파바로티가 좋아하고 가장 잘 부르는 곡이 바로 "공주는 잠 못 이루고"인데 이 노래가 그날 공연에서 잘되면 그날 공연 전체가 잘되는 것이고, 이 노래가 잘 안 되면 그날 전체 공연도 잘 안 된 것이라는 겁니다. 그 정도로 파바로티는 이 곡을 사랑했고 즐겨 불렀으며 중요한 순간마다 이 곡으로 최고의 분위기를 만들었다고 합니다.

파바로티의 "공주는 잠 못 이루고"가 가장 돋보인 곳은 바로 세계 3대 테너가 함께 모여 이룬 음악회였습니다. 플라시도 도밍고José Plácido Domingo Embil, 1941- , 호세 카레라스Josep Maria Carreras i Coll, 1946-와 함께 1990년 로마월드컵 기념으로 시작되어, 1994년 미국 월드컵, 1998년에도 3대 테너의 기념 공연이 있었습니다. 이때 단연 파바로티를 돋보이게 했던 노래가 또한 "공주는 잠 못 이루고"였지요.

2006년 토리노Torino 동계 올림픽 개막식 피날레 때 병중에 있던 파바로티가 출연하여 다시 한 번 "공주는 잠 못 이루고"를 불렀습니다. 인터넷을 검색해보니 그때에는 건강이 약해져서 립싱크lip-sync로 이 노래를 불렀다 합니다.

파바로티가 아쉽게 세상을 떠난 후 그의 장례식에서는 그의 음반 "공주는 잠 못 이루고"가 울려 퍼졌습니다.

그야말로 파바로티라는 한 성악가의 예술적 활동과 함께 나란히 함께했던 노래 "공주는 잠 못 이루고"이었던 것입니다.

여러분! "공주는 잠 못 이루고"와 관계된 또 다른 한 사람 폴 포츠라는 가수를 아시지요? 이 사람은 휴대폰 판매원이었는데 37세이던 2007년 〈브리튼스 갓 탤런트Britain's Got Talent〉라는 영국 ITV의 신인발굴 프로그램에 지원하여 출연하게 되면서 일약 세계적인 명사가 되었습니다. 지금은 이것과 똑같이 복사된 프로그램이 미국에도, 그리고 한국에도 있지요. 그가 출연하던 모습이 유튜브You Tube에 실렸고 1억 건 이상의 조회 수를 기록했다고 합니다. 저도 그 장면을 여러 번 보았는데 너무나 큰 감동을 느꼈습니다.

지금은 그렇지 않지만, 그는 휴대폰 판매원cell phone salesman이었고, 가지런하지 못한 그의 치아齒牙와 왠지 말끔해 보이지 않던 그의 정장이 당시 그의 삶의 현주소를 알려주는 듯 했지요. 프로그램에 처음 출연했을 때의 그에게서는 긴장한 표정과 또한 어려운 여건 속에서도 삶을 달관한 도인道人같은 표정이 동시에 풍겨졌습니다. 그가 그 자리에서 불렀던 노래가 바로 "공주는 잠 못 이루고Nessun Dorma" 이었습니다. 그의 노래가 울려 퍼지자 관중들과 심사위원들의 표정이 변하기 시작했습니다. 마지막 부분에서 아주 약간 음정이 불안정하기는 했지만 그의 노래는 전 세계를 감동시키고도 남을 엄청난 위력을 보여주었지요. 심사위원 중에는 눈물을 머금은 사람도 있었습니다.

예선이라 원래 곡의 내용을 좀 줄였기에 1분 정도 밖에 안 되었던 그 짧은 시간이 그의 삶을 바꾸어 놓았습니다. 이후 준결선과 결선을 통해 입상하는 과정에서 폴 포츠는 이미 전 세계에 알려진 스타가 되었습니다. 폴 포츠는 〈브리튼스 갓 탤런트Britain's Got Talent〉라는 프로그램의 사회자나 심사위원보다도 더 유명한 사람이 되었습니다. 제가 폴 포츠의 홈페이지에 들어가 보니 영국을 비롯하여 캐나다, 미국 등에 그의 콘서트 일정이 빼곡히 짜여 있었습니다. 우리나라에서도 연주회를 했지요.

휴대폰 판매원에서 전 세계가 인정하는 유명인사가 된 폴 포츠는 그해 첫 번째 앨범을 발표하게 됩니다. 그 앨범의 이름이 바로 〈One Chance2007〉입니다. 이 앨범은 우리나라에서도 4만 장 이상이 팔렸고, 전 세계에 500만 장 이상이 팔리는 밀리언셀러가 되었습니다.

폴 포츠의 첫 앨범 이름 'One chance'가 폴 포츠를 가장 잘 표현해 주고 있습니다. 단 한 번의 찬스를 잡은 사람이 바로 폴 포츠입니다. 그는 "공주는 잠 못 이루고"를 통해 그에게 찾아온 단 한 번의 찬스를 잡고 세계적인 명사가 된 것입니다. 세계적인 명사가 된 것이 중요한 것이 아니라, 그의 노래가 전 세계 곳곳에서 울려 퍼질 때마다 많은 사람들에게 감동을 줄 수 있다는 것이 귀한 것이지요.

폴 포츠가 너무나 알려지다 보니 이제는 그의 성악실력을 비판하는 사람도 생겨났습니다. 그러나 그러한 비판이 이미 많은 사람들을 그의 음악세계에 대한 공감의 팬으로 간직하게 된 폴 포츠를 흔들 수는 없을 것 같습니다.

폴 포츠는 "공주는 잠 못 이루고"를 통해서 세계적인 인사가 되었습니다. 그러면 그는 과연 신데렐라 같은 사람일까요? 아마도 그렇지 않을 것입니다. 신데렐라는 아무 준비와 노력이 없다가 어느 날 갑자기 부귀나 영화를 얻게 되는 사람이지요. 폴 포츠는 신데렐라가 아닌 것 같습니다. 어려운 생활 속에서도 꾸준히 노래를 연습하고 실력을 연마했을 것입니다. 준비하고 있으면서 칼을 예리하게 갈고 있는 상태에서 때를 기다려온 것입니다.

주역周易에 나오는 여러 가지 괘卦 중에 명이明夷라는 괘가 있는데, 이 괘의 의미는 밝음이 땅 속으로 들어간 상태明入地中를 말하는 것입니다. 쉽게 말하자면 빛이 나는 어느 램프를 땅속에 묻어놓은 것, 혹은 검은 종이로 싼 것과 같은 것입니다. 빛이 나는데 땅속에 있기에 빛이 보이지를 않는 것이지요. 밝음이 없는 것이 아니요, 단지 보이지 않을 뿐인 것입니다. 빛을 발하지 않는 물건이라면 그것이 땅속에 있든, 땅 밖에 있든 별 차이가 없습니다. 그러나 빛을 발하는 물건이라면 그것이 땅속에 있을 때는 안 보일지 몰라도 그 어느 날 그것이 땅 밖으로 나오게 되는 날, 세상에 그 빛을 밝힐 수 있는 것이지요.

폴 포츠도 이런 명입지중明入地中의 상태에 있다가 그 빛을 발하게 된 것입니다. 자격을 갖추고 다듬고 실력을 연마한 상황에서 그는 'One chance'를 맞게 되었고, 그것을 잡은 것입니다.

여러분! 막연한 신데렐라의 꿈은 꾸지도 마세요. 자기가 가진 꿈이 있으면, 폴 포츠처럼 실력을 갖춘 상황에서 그 찬스를 만날 수 있도록 항상 실력을 다듬는 것이 중요합니다. 폴 포츠와 관계된 못 다한 이야기는 이어지는 "수주대토守株待兎와 명입지중明入地中"에서 다시 한 번 언급하고자 합니다.

여러분! 저는 오늘 "공주는 잠 못 이루고Nessun Dorma"라는 푸치니의 오페라 〈투란도트〉 중에 나오는 아리아에 대한 이야기를 했습니다. 파바로티나 폴 포츠 모두가 이 노래를 통해서 인정받고 알려진 사람입니다. 그런데 잘 생각해 보세요. 두 사람과 이 노래의 관계가 조금씩 다릅니다.

파바로티는 이미 세계적으로 인정받고 있던 최고의 성악가였습니다. 그에게 이 노래는 그를 더욱 돋보이고, 그의 특징을 더 잘 표현해 줄 수 있는 것이었습니다. 파바로티에게 이 노래는 금상첨화錦上添花가 되는 것입니다. 최고의 성악가 파바로티를 더욱 더 실력 있고 드러나게 만들어주는 노래인 것이죠.

사람에게는 반드시 파바로티의 "공주는 잠 못 이루고"처럼 자신의 장점이나 실력을 잘 표현해 줄 수 있는 그 무엇이 필요합니다.

태권도선수, 씨름선수, 혹 유도선수라면 자신의 여러 가지 연습한 기술 중에서도 자기만이 가장 잘 실행할 수 있는 그 어떤 기술에 도통해 있어야 합니다. 그리고 올림픽 태권도 금메달을 땄던 문대성 선수의 뒤돌려차기처럼 가장 중요한 그 어느 때에 바로 그 기술을 사용해야 합니다. 그것이 자신을 더 밝게 빛내줄 것입니다. 그것이 자신의 위기를 극복할 수 있게 해 줄 것입니다.

성악가가 꿈이었던 무명의 폴 포츠에게 "공주는 잠 못 이루고"라는 노래는 그 어느 순간 실력을 발휘할 찬스기회가 찾아올 때 보여줄 수 있는 노래였습니다. 준비되어 있는 폴 포츠에게 기회가 온 것입니다. 아직 준비 중인 사람들에게 폴 포츠의 "공주는 잠 못 이루고"는 귀한 깨달음을 줍니다. 되어가는 이들, 준비 중에 있는 이들에게는 이 노래처럼 무언가 자기만의 최고의 능력을 갖추고 준비하는 일이 필요한 것입니다.

준비하고 있어야 기회를 잡을 수 있습니다. 기회라는 것은 로또 복권이 아닙니다. 로또 복권은 행운의 사람에게 찾아갑니다. 기회는 준비해온 사람, 그리고 그 기회를 얻을 자격이 있는 사람에게 찾아갑니다. 기회가 올 때까지는 준비하고 기다려야 합니다.

수주대토守株待兎라는 말 잘 아시지요? 토끼 한 마리가 자기가 보는 앞에서 나무에 부딪혀 죽었습니다. 공짜로 토끼를 얻은 그 기쁨을 마무리하지 못하고, 매일 나무 옆에서 또 그런 일이 일어나길 기다리는 사람의 이야기이지요? 이런 사람에게는 기회라는 말이 어울리지 않을 것입니다. 기회는 준비하고 노력하는 이에게 가치가 있는 것입니다.

요즘 취업이 잘 안 되어 힘들어하는 젊은이들이 많습니다. 정말로 공감이 갑니다. 저도 그 마음을 잘 압니다. 그러나 힘들다 해서 가만히 기다리기만 하면 기회가 오지 않습니다. 그 힘든 가운데서도 끊임없이 자신을 준비시키고, 다듬고, 갈아야 하는 것입니다. 어려운 기다림의 기간을 자신을 더 넓히며 실력을 더 확장하는 데 보내야 합니다.

세계적인 클럽의 축구스타, 특히 공격수들의 특징이 무엇일까요? 단 한 번의 기회One chance가 오더라도 그 기회를 골로 연결할 수 있는 사람입니다. 우리나라 축구가 세계의 벽을 넘으려면 공격수들 중에 이런 사람이 배출되어야 합니다. 경기가 팽팽하면 양 팀 모두에게 기회가 잘 오지를 않지요. 그러다 기회가 생깁니다. 그런 기회가 한 경기당 몇 번 오지를 않습니다. 유능한 공격수는 그 기회를 살릴 수 있는 사람입니다. 유능한 공격수는 단 한 번의 기회를 살릴 수 있는 실력이 있지요. 끊임없이 연습하고 갈고 닦은 준비된 실력이 있기에 단 한 번의 그 기회가 살아나는 것입니다.

되어가는 이의 여러 모습 중 한 가지를 말해본다면 '늘 준비된 사람'이 아닐까 싶습니다. 여러분들도 자기가 좋아하는 분야, 계획하고 있는 분야에서 내세울 수 있는 그 무엇을 연마하고 준비해 놓으시길 바랍니다. 때와 기한은 아무도 모릅니다. 그러나 언젠가는 기회가 찾아오지요. 그것을 잡을 수 있는 능력을 갖추시길 바랍니다.

혹 당신이 이미 기회를 잡은 사람, 이미 인정을 받은 사람이라면, 파바로티를 돋보이게 해주는 레퍼토리였던 "공주는 잠 못 이루고"처럼, 자신의 장점을 더 살려주는 금상첨화의 필살기를 하나 더 갖춰 보시길 바랍니다. 당신이 지금 갖추고 있는 모든 것들이 그것으로 인해 더 빛이 날 테니까요.

21

수주대토(守株待兎)와 명입지중(明入地中)

되어가는 과정에서 우리가 만나고 겪어야 할 일 중 하나가 바로 때를 만나지 못하고 기약 없이 기다려야만 하는 일입니다. 물론 하는 일마다 술술 잘 풀리는 사람도 있습니다. 그러나 상당수의 사람은 오래 기다려야만 합니다. 대학 입학도 제때에 하지를 못하고, 취직도 남들처럼 쉽게 되지를 않거나, 결혼도 남들보다 늦게 하게 되거나, 그야말로 자리를 잡아야 하는데 여러 가지가 미흡하여 안정되지 않는 경우가 생기는 것입니다.

대학교 입학시험에 제때 합격하지 못해서 힘들어하는 이들을 봅니다. 한 학기에 500여만 원 하는 등록금을 내고 2년제 대학교에 등록하여 한두 달 다니다가 그만두는 학생들도 많습니다.

대학을 졸업해도 취직하기가 쉽지 않아 많은 젊은이들이 수없이 이력서를 제출하다 주저앉아 힘들어하는 모습을 보게 됩니다. 임용고시나 공무원 시험을 힘들게 준비합니다. 한 번의 시험에 떨어지게 되면 다시 일 년을 준비해야 합니다. 이러한 일들이 반복되면 의지를 잃게 되고, 낙담 속에 휩싸이게 되지요. 아무리 낙천적인 사람이라도 이런 어려움이 지속되면 온전한 마음을 유지하기가 어렵습니다.

저는 사십대가 되기 전까지는 일이 술술 잘 풀렸습니다. 쉽게 쉽게 살 수가 있었고요. 하는 일마다 잘되었고 제가 있는 자리에서 인정받으며 지냈습니다. 그런데 삼십대 후반부터 하는 일이 잘 안 되고, 긴 시간을 기다려야만 하는 상황에 처하게 되었습니다. 그 이전까지는 일이 잘되었기에 어려운 여건에 처한 사람들에 대한 생각을 하지 못하고 지냈지만, 막상 제가 어려운 여건에서 마냥 기다려야 하는 일을 겪으면서, 뜻을 펴지 못하고 기약 없이 기다려야 하는 이들에 대한 관심이 생겨나게 되었습니다.

일이 안 풀리고 더디게 되면 나 자신을 견뎌내기도 힘들지만, 나 자신의 주변 여건이 나를 더욱 힘들게 하지요. 식구들이 더 나를 힘들게 하고, 나보다 빨리 자리 잡은 친구들의 모습을 바라보면 마음이 불편해지기도 합니다. 친구들 모임이나 동창 모임에도 가지를 않게 되지요. 이런 여건이 되면 살기가 참 힘들어지고 타인과의 관계도 서먹서먹해집니다.

그러나 분명한 것이 있습니다. 이렇게 잘 안 풀리는 어려움의 여건에서 훌륭한 사람들이 나온다는 것입니다.

공자孔子, B.C. 551-479도 오십대까지는 노魯나라에서 벼슬을 하며 살았습니다. 그러나 오십대에 벼슬을 잃고 자신을 써줄 왕을 찾아 10년 넘는 방랑의 길을 떠납니다. 그러한 방랑의 시간 속에서 공자의 사상이 깊어진 것입니다. 그러한 방랑의 시간을 통해 깨닫게 된 그 마음으로부터 『논어論語』가 나온 것입니다. 불후의 명작이 힘든 방랑의 여건 속에서 이루어진 것이지요. 대다수의 학자들은 공자가 주유周遊의 길을 가지 않았더라면 『논어』 같은 명작은 결코 나오지 않았을 것이라 말합니다.

김동인金東仁, 1900-1951의 역사소설 『운현궁의 봄雲峴宮의 봄, 1933』은 흥선대원군 이하응興宣大院君 李昰應, 1820-1898이 오랜 동안의 공백기를 이를 악물고 참아내고 자신의 때를 기다리며 마음속으로 칼을 갈던 장면을 잘 묘사하고 있습니다.

제가 앞에서 폴 포츠Paul Robert Potts, 1970-에 대해 이야기할 때 언급했던 것처럼 그는 세계적으로 알려지기 전까지 휴대폰 판매원을 하면서도 끊임없이 자신을 다듬었습니다. 여러분! "공주는 잠 못 이루고" 같은 노래를 아무 때나 쉽게 부를 있는 것이 아니지요? 끊임없이 배우고 연습하고 자신을 다듬어왔기 때문에 폴 포츠는 단 한 번 그에게 다가온 찬스One chance를 거머쥘 수 있었던 것입니다.

힘들고 일이 안 풀릴수록 자신을 더 다듬어야 합니다. 여러 가지 어려운 여건들이 있겠지만 일이 안 풀릴 때는 자기 자신을 먼저 돌아보고 다듬고 준비된 존재가 되어야 합니다.

일이 잘 안 풀릴 때 저는 조깅을 권합니다. 달리기를 하면서 자기 자신을 돌아보고 다듬는 것입니다. 달리기는 단순한 운동이 아닙니다. 달리면서 생각할 수 있고, 달리면서 내가 아직 죽지 않고 살아있다는 느낌을 강하게 받을 수 있는 마음이 생깁니다. 조깅을 해보세요.

자신을 다듬는 것은 자신의 건강을 돌아보는 것에서부터 시작되는 것입니다.

일이 안 풀릴수록 잘 안 풀리는 그 시간에 자신의 능력을 더욱 다듬어야 합니다. 더 공부해야 합니다. 안된다고 힘들다고 친구 만나 한탄하고 술이나 먹다 보면 많은 시간이 금세 의미 없이 지나가 버립니다. 늦게 풀릴수록 그 기다림의 시간 동안 자신의 건강과 자신의 기량과 실력을 더 다듬어야 합니다. 그러면 비록 늦게 풀리더라도 그 동안 다듬었던 실력이 뒤늦게 더 아름답게 꽃피게 될 것입니다.

일이 잘 안 풀리고 시간이 지체되는 여건은 참으로 힘들지만, 제가 이번에 언급하는 두 가지 옛 문장을 깊이 생각해 볼 수 있기를 바랍니다.

먼저 수주대토守株待兎를 아시지요? 고대 춘추전국 시대의 송宋나라 사람은 어리석은 사람으로 많이 등장합니다. 당唐나라 다음의 송나라가 아닙니다. 수주대토의 주인공도 송나라 사람입니다. 어느 날 밭을 가는데 토끼 한 마리가 뛰어오다 그루터기를 들이받고 목이 부러져 죽자, 그런 일이 또 일어날 줄 알고 밭 갈던 쟁기를 집어던지고 그루터기만 지켜보고 있었다는 이야기지요.

수주대토는 무언가 좋은 일이 생길 줄 알고 아무 일 않고 마냥 기다리기만 하는 사람입니다. 이 말은 어쩌다 한 번 이루어진 희귀한 일을 교과서로 삼는 어리석은 사람을 풍자하는 말이지요. 일이 잘 안 될 때는 자신의 시간을 기다려야 합니다. 그러나 이런 수주대토식으로 막연하게 기다리는 모습은 어리석은 것이지요.

일이 안되고 안 풀리고 무한정하게 느껴지는 기다림의 시간을 보내야 할 때, 힘들지만 우리는 그 기간 동안에 자신을 예리하게 다듬는 데 매진해야 합니다. 수주대토처럼 막연하게 자신의 때만 기다린다는 자세는 결코 이후에도 도움이 되지 않습니다. 힘든 여건 속에 확 그냥 주저앉아 버리고 싶지만, 마음을 굳게 먹고, 그 언젠가 다가올 나의 때를 기다리면서, 나를 다듬고 나 자신의 가치를 더 높여 놓아야 합니다.

『주역周易』의 64괘 중에 지화명리괘地火明夷卦가 있습니다. 지화地火라는 말은 괘의 모양을 말하는 것인데, 빛나는 존재火 위에 땅地 혹은 흙이 덮여있는 상황을 말합니다. 명이明夷라는 말은 빛이 상傷해 있는 상태라는 말입니다. 여기서 이夷 자는 오랑캐가 아니라 '상하다', '소멸하다'라는 뜻입니다. 밝음이 상처 입은 상태이지요. 귀한 것, 현명한 것, 정의가 상해傷害를 입은 상태를 말합니다. 어리석은 자가 위에 자리 잡고 현명하고 재능 있는 사람을 압제하는 모습이기도 합니다. 깨끗하게 아름답게 살면서도 손해를 보게 되는 모습을 말합니다. 빛이 어둠에 싸여 있는, 빛이 땅 속에 들어가 있는 상황이라 빛으로서의 제 역할을 감당하지 못하는 모습인 것입니다. 이것이 바로 명입지중明入地中인 것이지요.

『주역』에서는 이 명리 괘를 설명하면서, 빛이기 때문에 반드시 언젠가는 세상을 밝힐 것이라고 말합니다. 빛이기에 땅 속에 있어도 그 존재는 빛이라는 것이지요. 또한 빛이기에 본인이 아무리 숨기려 하여도 세상이 그를 알아보게 될 날이 올 것이라 설명하지요.

현재는 사방이 보이지를 아니하고 지척도 구분이 안 되는 시기입니다. 『주역』에서는 이런 시기에는 마음을 느긋하게 가지고 내실을 기하는 것이 좋다고 설명하고 있습니다. 비록 『주역』이 오래전의 책이지만 단순한 점괘를 떠나서 삶이란 무엇인가를 말해주고 있지 않습니까? 또한 사람이 사는 가운데 일어나는 삶의 고통의 문제라는 것이 3천여 년 전이나 지금이나 똑같다는 것을 알 수 있지요?

내가 비록 어려움 가운데 있다 해도, 내가 비록 때를 만나지 못한다 해도, 내가 빛이라면 그 언젠가 분명히 나의 빛이 세상을 밝히게 될 것입니다. 중요한 것은 '내가 '빛'이냐 그렇지 못하냐?'에 있는 것입니다.

여러분! 힘들고 일이 안 풀릴 때 나 자신의 문제만 해도 견디기가 힘든데, 나의 주변에서 나를 더욱 힘들게 만들지요? 어려서부터 시각장애인으로 자랐다면 오십이 되어서도 불편함을 모르고 살 것입니다. 그러나 오십 세에 갑자기 시각장애인이 되었다면 얼마나 답답하고 힘들겠습니까? 젊어서 잘 풀리다가 나이가 들어 어렵게 되면 젊은이의 고통보다 훨씬 더 견디기가 힘들 것입니다.

혹시 여러분이 젊은이라면 지금 안 풀리는 것에 초점을 맞추면 안됩니다. 답답한 마음보다는 지금 이 시간이 더욱 소중한 것입니다. 나 자신의 스펙을 다듬고, 나 자신의 내면의 실력을 높이고, 자격증 하나라도 더 따는 일이 이후를 준비하는 훨씬 더 현명한 모습이 될 것입니다.

혹시 여러분이 나이가 들었다면, 그 고통은 더욱 클 것입니다. 그러나 고통의 노예가 되지 말고, 지금의 나 자신이 명明이 되도록 우선 내 건강을 챙기고, 나의 내면을 다듬는 일에 마음을 집중하는 것이 필요하리라 생각합니다.

나 자신이 '빛'같이 빛나는 존재가 되는 것이 우선입니다. 안 풀리는 일보다도 나 자신을 빛으로 만드는 일에 더욱 중점을 두어야 합니다. 그리고 어느 정도 나 자신을 갖추었다 싶으면 더욱 그것들을 예리하게 다듬어야 합니다. 그래야 혹 기회가 올 때 그 기회를 잡을 수 있는 힘을 가질 수 있습니다.

"때를 얻든지 못 얻든지 항상 힘쓰라Be prepared in season and out of season"라는 말이 있습니다. 여기서 '때'라는 말이 영어로는 'season'으로 표현되지요? 시즌season이란 제철 과일할 때, 제철이라는 의미입니다. 무언가가 이루어지게 되는 바로 그때인 것이지요. 그런 때를 만나든 못 만나든, 항상 준비되어 있으라Be prepared는 것입니다.

폴 포츠는 항상 준비되어 있던Be prepared 사람입니다. 그랬기에 단 한 번의 찬스One chance를 잡을 수 있었던 것입니다.

때를 못 만난 것을 억울하게 생각하지 맙시다. 『주역』에서도 말하듯이 때를 못 얻는 모습은 아주 오래전이나 오늘날이나 모든 사람에게 똑같이 일어나는 일이기 때문입니다. 중요한 것은 비록 땅속에 갇힌 빛이지만, 나는 빛이므로 나를 가둔 땅에 신경 쓰지 말고 나의 빛됨을 잃지 않아야 한다는 것입니다. 더욱 중요한 것은 어둠의 여건 속에서 준비되어 있지 않은 사람, 자신을 빛나는 존재로 다듬지 못하는 사람의 그 모습이 더욱 불행한 것이며 부끄러운 모습이라는 사실입니다.

축구경기를 할 때 후반에 교체 출전할 예정인 선수들의 모습을 보셨나요? 무슨 조끼를 걸치고 전반전부터 계속 경기장 옆에서 몸을 풀고 땀을 냅니다. 몸이 풀려있어야 경기장에 투입되자마자 오래전부터 뛰었던 다른 선수들과 보조를 맞출 수 있게 되는 것이지요. 인생은 장기전입니다. 먼저 투입이 되었든 늦게 투입이 되었든 긴 여정에서는 별 차이가 없습니다. 오히려 '어떠한 모습으로 투입되느냐?'가 중요한 것입니다.

되어가는 존재들은 앞으로 여러 번 여러 자리에서 암흑의 시기, 명리明夷의 시기를 겪어야 할 것입니다. 그러나 그 시기야말로 진정 우리네 인생의 소중한 부분이며, 나를 좀 더 다듬을 수 있는 시간이 될 것입니다. 어둠은 결코 빛을 영원히 감쌀 수 없습니다.

명리明夷의 시기를 가장 오래 겪은 사람이 누구인 줄 아세요? 중국 5대 지략가강태공, 손자, 손빈, 관중, 제갈량의 한 사람인 강태공姜太公 입니다.

강태공은 70세가 될 때까지 때를 못 잡고 위수渭水가에서 낚시를 하며 지냈습니다. 그는 미늘 있는 낚싯바늘 대신, 미끼를 쓰지 않고 미늘도 없는 바늘을 사용하였다 합니다. 세월을 낚으며 자신의 내면을 다듬었던 것입니다. 70여 세가 된 어느 날 낚시를 하고 있는데, 인재를 찾아 떠돌던 주周나라 서백이후 주나라 문왕이 됨을 만났습니다. 서백은 노인의 범상치 않은 모습을 보고 그와 문답을 통해 인물됨을 알아본 후 주나라 재상으로 등용하였다 합니다. 주나라의 정치를 맡은 강태공본명은 강상 姜尙은 주 문왕과 그의 아들 주 무왕을 도와 역성혁명에 성공하였고 상나라商나라 혹은 殷나라를 멸망시켰습니다. 주나라가 상나라를 멸망시킨 뒤에 강태공은 그 공으로 제齊나라의 후侯가 되었습니다.

정말로 70세까지 기다려야 한다면 그 기다림의 시간이 얼마나 길겠습니까? 물론 전설적인 이야기라서 정확한 실제 나이는 모르지만, 강태공의 예를 통하여 우리는 명리明夷가 결코 불행한 것이 아님을 깨달을 수 있습니다. 그 어느 때까지든 자신을 다듬고 자신을 밝게 하는 일에 열중하는 그 모습이 귀한 것입니다. 그리고 그 귀한 모습은 그 언젠가 그 빛남의 가치를 분명 드러낼 것입니다.

남들 다 가는 대학을 못 들어갈 수도 있습니다. 남들보다 더 늦게 대학을 갈 수도 있습니다. 남들보다 직장을 더 늦게 잡을 수도 있습니다. 나이가 들어서 실직을 하여 아무 일도 못하게 되는 일도 있습니다. 혹은 원치 않는 사건을 통해서 장애를 입게 되는 경우도 있습니다. 그리고 이보다 더 힘든 상황에 처하게 되는 사람도 많이 있지요. 힘든 일이지만, 그러한 상황 속에서도 남이 알아주든 못 알아주든 나 자신이 빛 같은 존재가 되도록 항상 자신을 다듬는 일만큼 중요한 것은 없습니다.

빛은 그 있는 곳이 땅속이든, 땅 위든 항상 빛나는 존재입니다. 세상이 어두워서 빛을 모를 수도 있습니다. 그러나 세상이 그 빛을 알아주든 못 알아주든 중요한 것은 나 자신이 빛 같은 존재가 되는 것입니다.

늘 되어가는 존재로 나아가는 당신의 그 빛이 언젠가 아름답게 이 세상을 비출 수 있기를 저 또한 확신하고 희망합니다.

22

멋있는 삼진

야구에서 타자가 스트라이크 세 개를 먹도록 안타를 치지 못하는 것을 '삼진 아웃'이라고 합니다. 배트 한 번 휘둘러보지도 못하고 꼼짝 없이 삼진을 당하는 경우도 있고, 열심히 배트를 휘두르지만 헛스윙이 되어 삼진당하는 경우도 있습니다.

삼진을 당하고 돌아오는 선수들의 모습도 가지가지입니다. 고개를 숙이고 종종걸음으로 돌아오는 사람도 있고, 심판을 쏘아보며 화풀이를 하는 사람도 있고, 배트를 집어던지며 안타까워하면서 돌아오는 사람도 있고, 껌을 질겅질겅 씹으면서 당당하게 돌아와 앉는 사람도 있습니다.

그런데 야구경기를 보면서 해설자의 설명을 들어보면 삼진 중에서도 멋있는 삼진이 있다는 것입니다. 뭐라고 딱 꼬집어 말할 수는 없지만 멋있는 삼진은 두세 가지 종류쯤 된다고 합니다.

먼저, 상대투수와 끈질기게 승부를 잘하다가 마지막 공에 속아서 헛스윙 하는 경우가 그런 예라는 것입니다. 다음은, 상대 투수의 볼

배합을 잘 파악하여 어떤 볼인지를 예상하고 때리는 선수게스 히터, guess hitter가 어떤 경우에 그 계산이 잘못되어서 스윙하여 삼진을 당하는 경우라 합니다. 하나 더 말하자면, 늘 잘하는 선수가 어느 기간 동안에 갑자기 감을 잃어버려 잘 치지 못하는 경우가 있는데, 그래도 그 선수는 늘 잘해오던 선수라 삼진을 당해도 당당한 자세로 내려오는 것이며, 그런 선수에게 관중은 "우리는 당신을 믿으니 다음에는 꼭 해내라."는 의미의 박수를 준다는 것입니다.

요약해보면 멋있는 삼진이란, 비록 삼진은 당했지만 최선을 다했고 확신을 가지고 자기만의 색깔로 경기에 임했다는 인정을 받는 모습을 말하는 것 같습니다.

'멋있는 삼진'이라는 말을 듣는 가운데 우리 사회가 어느 정도 많이 성숙해간다는 긍정적인 측면이 보이기도 합니다. 이제까지는 결과중심의 사고가 주류였습니다. 무슨 일이든 결과만을 가지고 평가를 하였습니다. 누가 무엇을 발명했어야만 그는 발명가였고, 누가 무슨 자리에 올랐고 위대하고 구체적인 어떤 업적을 이루었어야만 그는 위인으로 인정받았습니다. 그러나 시간이 흐르면서 역사를 돌아보고, 삶을 재평가하는 모습들 가운데에서 결과보다는 과정이 더 귀하다는 사고가 대두되기 시작했습니다. 정말로 귀한 현상입니다.

우리가 너무나 잘 아는 1911년 말에 있었던 남극점 정복에 대한 이야기입니다. 당시 노르웨이의 아문센Roald Amundsen, 1872-1928과 영국의 스콧Robert Falcon Scott, 1868-1912이 경쟁을 벌였으나 아문센이 먼저 남극점에 도달하였고, 스콧은 뒤늦게 도달한 뒤 돌아오는 길에 죽었습니다. 승리는 아문센인 듯 보이나 인생을 다룰 때는 스콧의 그 모습 또한 귀하다는 것을 우리는 느낍니다.

아문센은 어렸을 때부터 북극 정복을 꿈꾸며 유연하게 자신의 목적을 이루기 위해 절치부심했던 사람이었고, 스콧은 눈이라고는 단 한 번도 제대로 본 적이 없었지만 자신의 조국을 위해 머리끝부터 발끝까지 성실한 군인정신으로 무장하여 아문센보다는 늦었지만 결국 남극을 정복하였습니다. 스콧의 일기는 그대로 발견되어 오늘날까지 그의 정신을 전해주고 있습니다. 또한 아문센 역시 스콧이 죽은 뒤 16년이 된 어느 날 북극해에서 자신의 삶을 마쳤음을 생각해 보면, 스콧이나 아문센이나 인생의 과정에서 장렬한 삼진을 당한 셈이라 볼 수 있을 것입니다.

야구에서 타율이 3할만 넘으면 훌륭한 타자에 속합니다. 그렇다면 잘하는 선수도 10번 나오면 7번은 아웃된다는 셈입니다. 그만큼 인생의 모든 일에는 삼진이 많다는 계산이 나옵니다. 삼진뿐 아니라 여러 종류의 아웃이 기다리고 있는 것이 바로 인생입니다. 세상이 말하는 결과중심의 사고에 젖어서 성공한 것만 제대로 된 인생이라는 고정관념을 정리하고, 실패하더라도 멋있게 실패하여 당당한 모습을 갖는다면, 우리 삶에서 일어나는 아쉬움 남는 일들, 그 실패들이 멋있는 실패, 아름다운 실패가 될 수 있을 것입니다.

다시 처음으로 돌아가 봅니다. 타자가 지금 막 삼진을 당했습니다. 아주 창피한 일이지요. 그런데 왜 '멋있는 삼진'이라는 말을 쓸 수 있을까요? 왜 관중들은 삼진을 당하고 들어오는 선수에게 박수를 줄까요? 앞에서 말한 대로 여러 가지 이유들이 있지만, 그것들보다 훨씬 더 중요한 가장 근본적인 이유가 있습니다. 경기는 늘 계속되기 때문입니다. 몇 년 몇 월 며칠 몇 시 몇 분에 당한 삼진은 결코 되돌릴 수 없는 사건입니다. 그러나 다음에 타석이 또 있습니다. 오늘 안 되더라도 경기는 또 다시 열립니다. 다른 시간에 다른 장소에서 야구경기는 계속 열리기 때문이지요. 다음날 경기가 있기에, 다음 경기를 위해서, 관중들은 삼진을 당한 선수를 향해 박수를 쳐주는 것이며, 그 순간 선수도 관중들의 격려를 힘입고 그 '멋있는 삼진'을 당할 수 있는 것입니다.

인생은 항상 새롭게 진행되는 경기입니다. 저는 이것을 과정이라고 부릅니다. 이길 수도 있고, 질 수도 있지만, 중요한 것은 내가 그 과정 과정에서 당당한 모습으로 최선을 다한다는 것이지요. 또한 이번에 내가 좀 당당하지 못한 모습이었다고 생각되면, 그것을 인정하고 새로운 시간에 더 잘하겠다는 다짐을 갖는 것입니다. 더 중요한 것은 나의 삶이 과정마다 늘 최선을 다한 삶이었다면, 지금 막 삼진을 당하고 관중들의 박수를 받으며 좀 어색한 발걸음으로 나오지만, 그래도 자신이 당한 삼진이 멋있는 삼진이었다고 생각하며 떳떳하고 당당한 모습을 보여주는 선수처럼, 우리도 결과에 관계없이 떳떳하고 당당해야 한다는 것입니다.

사실 우리가 좋아하는 위인들이라고 당대에 그 시대가 인정하는 성공을 이루었던 사람만 있는 것이 아닙니다. 그리고 역사에는 우리가 모르는 이런 진정한 위인들이 수없이 많을 것입니다. 우리는 그 시대가 인정하는 성공에만 매달려 만사를 평가하는 세속적인 자세에서 벗어나, 당당하고 열심히 자신의 일에 최선을 다한 사람만이 갖는 내적인 기쁨을 소유할 수 있어야 할 것입니다.

세상도 점점 현명해져 가는 것 같습니다. 현실적인 기준으로만 정해져 있는 이러한 유형의 실패들을 두려워하지 않고, 비록 실패하더라도 최선을 다하겠다는 도발적인 의지가, 이제는 더욱 가치 있고 장기적으로 더 귀한 모습이 될 것 같습니다. 유명한 4번 타자가 비록 삼진을 당했지만 당당하게 배터 박스를 나오는 모습처럼, 늘 최선을 다하고 열심히 사는 모습을 가진 이는 비록 어떤 일이 안 되었다 해도 당당하게 자신의 삼진을 인정할 수 있어야 합니다. 삼진은 치욕이 아니라, 약간의 쑥스러움일 뿐, 되어가는 존재에게 인생의 타석은 앞으로도 얼마든지 더 생길 것이기 때문이지요.

23

이소룡(Bruce Lee)과 유연성(flexibility)

『되어가는 이들에게』라는 이 책을 쓰면서 저는 앞에서 성룡成龍 재키 찬, 1954-에 대한 이야기를 나눈 적이 있습니다. 이번에는 이소룡 이야기를 해 보겠습니다. 성룡이 진행형이라면 이소룡李小龍 Bruce Lee, 1940-1973은 이미 시대를 끝내고 역사로 존재하는 사람이지요. 새로운 밀레니엄이 시작되는 2000년대가 되면서 젊은이들의 입에서 이소룡을 이야기하거나 흉내 내는 경우가 점점 많아짐을 느꼈습니다. 제가 초등학교, 중·고등학교 시절이었던 1970년대에 흉내 내기를 좋아했던 그 이소룡의 모습을 2000년대의 젊은이들이 관심을 갖고 흉내 내고 생각하게 된다는 것이 참 신기하기도 하고, 과연 '그 의미가 무엇인가?'를 저는 음미해 보았습니다.

최근에는 이소룡에 대한 평전이 담긴 『이소룡, 세계와 겨룬 승부사브루스 토마스 저, 2008』이라는 책도 나왔습니다. 이 책으로 많은 사람들이 이소룡의 무술과 삶, 그리고 그의 철학에 대한 의미를 깊이 생각하게 하는 계기도 된 것 같습니다.

그는 단순한 무술인이기에 앞서서 워싱턴 대학교에서 철학을 공부한 사람이었습니다. 그에 대한 다큐를 보면 그가 철학을 공부했으며, 다른 무술이나 운동에 대해서도 책으로 먼저 공부하곤 했던 모습이 나옵니다. 젊은이들이 꼭 알아야 할 것이 있습니다. 그것은 옛 시절의 위대한 무장武將들은 대부분이 글을 읽는 선비였다는 것입니다. 글을 읽고 글을 쓰는 것과 무술이 긴밀한 연관이 있다는 것입니다.

얼마 전에 이소룡에 대한 다큐멘터리를 보았습니다. 거기에서 그가 오래 전 TV에 출연하여 했던 말이 나오는데, 언뜻 들어보니 노자老子의 철학사상 같다는 느낌이 들어서 그 대사를 반복해서 들어보았지요. 그 대사는 다음과 같은 것입니다.

"Empty your mind, be formless, shapeless, like water. Now you put water into a cup, it becomes the cup. You put water into a bottle, it becomes the bottle. You put it in a teapot, it becomes the teapot. Now water can flow, or it can crash! Be water, my friend……."

당신의 마음을 비우세요. 물처럼 형식을 없애고 모양을 없애세요. 물을 컵에 부으면 물은 그 컵의 모양이 되고, 병에 부으면 그 병의 모양이 되고 주전자에 부으면 그 주전자의 모양이 되지요. 물은 흐를 수도 있으며 혹은 낮은 곳으로 폭포처럼 떨어질 수도 있지요. 여러분들이여, 물이 되세요.

어느 누가 보아도 이 내용은 노자의 『도덕경道德經』에 나오는 내용입니다. 지금이야 동양사상에 관심이 있기에 이 말이 익숙하지만, 이소룡이 인터뷰하던 그 1970년대의 흑백 TV 시대에 이 말은 서방세계가 잘 모르던 말이었습니다. 무술가 이소룡은 도가 철학道家哲學

을 자신의 몸과 마음과 삶에 실현하고 있었던 것입니다.

노자의 『도덕경』 제8장에 유명한 '물에 대한 글'이 나옵니다. 이중에 앞부분만 소개해 보겠습니다.

上善若水상선약수 水善利萬物而不爭수선리만물이부쟁 處衆人之所惡처중인지소오 故幾於道고기어도.

"가장 최상의 좋은 것은 물과 같다. 물은 만물을 이롭게 하면서도 다투지 아니하고, 많은 사람들이 싫어하는 낮은 곳에 처하니, 그런 까닭으로 도道에 가깝다 하리라."

물의 특징은 남에게 이로움을 주는 존재라는 것입니다. 그러면서도 물은 다투지를 않습니다不爭. 오히려 자신을 드러내려 하기보다는 다른 존재와 조화harmony를 이루지요. 그리고 장애물이 있으면, 그것을 밟고 부수지 않고, 돌아서 지나가고, 경사가 있으면 물은 낮은 곳으로 떨어집니다. 그래서 노자는 물을 최상의 존재상선 上善라 일컬었던 것이지요.

저는 이소룡의 이 말을 듣고 많이 놀랐습니다. 그가 하는 액션이 단순한 싸움 잘하는 기술이 아니며, 무술이나 무예武術, 武藝 martial arts요, 더 나아가 무도武道 martial Tao라는 것이 무엇인가를 아는 사람이 바로 이소룡이었다는 사실을 알게 된 것입니다. 무술이나 무예라는 말은 『삼국지』의 장비張飛처럼 전쟁터에서 사람을 잘 죽이고 힘이 좋고, 싸움기술이 좋은 그런 모습들하고는 전혀 개념이 다른 것이지요. 육체가 강조되는 것이 아니라 마음, 정신수양이 강조되는 것입니다. 여기에 무도라는 말을 쓰게 되면 도가 철학이 더욱 강조되며, 무술과 정신이 아주 심오한 세계로 들어가게 되는 것입니다.

가장 싸움을 잘할 것 같은 사람 이소룡이 오히려 물을 말합니다. 물은 자신의 길보다 상대의 길을 우선으로 생각하는 존재입니다. 상대의 모습을 존중해주고, 상대를 우회하여 흐릅니다. 높은 곳에서 낮은 곳으로 자연스럽게 흘러갑니다. 그러나 물은 부서지거나 끊어지거나 상하지 않습니다. 바로 물의 유연성flexibility 때문이지요.

되어가는 이들에게 저는 유연성을 꼭 말하고 싶습니다. 유연성은 삶에서 가장 중요한 것 중에 하나이기 때문입니다. 물론 인생에서 많은 좌절을 겪고, 끊어짐과 부서짐을 겪는 가운데 성장하는 것은 분명합니다. 그런데 그 성장이라는 것이 무엇을 말할까요? "아무개가 성장했다."라는 말은 "그 사람에게 유연성이 생겼다."라는 말과 같은 의미입니다.

제가 여러 번 말하였던 것처럼 사람들은 쉽게 시작하고, 쉽게 끝내는 경향이 있습니다. 과정을 중요하게 생각하지 않습니다. 시작하는 것을 좋아하고, 과감하게 그만둘 것을 결단합니다. 새 옷, 새 신발을 사게 되면 참 좋아하지요. 그런데 그것을 잘 관리하여 오래 신지를 못하는 경우가 있지요. 어떤 중요한 일을 하겠다고 목표로 결정하고 주위 분들에게 격려를 받고 결의를 다집니다. 그런데 시간이 지나면 어느새 그 일을 포기해 버립니다. 물론 여러 가지 합당한 이유들이 있습니다. 그러나 물의 철학을 배워야 합니다. 물은 어려움을 당해도 자신을 비우고, 상대의 모양을 취하면서 흐르고 내려갑니다.

물은 높은 곳은 깎고 낮은 곳은 북돋아줍니다. 『도덕경』 77장에도 역시 말합니다.

天之道천지도 損有餘而補不足손유여이보부족

하늘의 도는 남아도는 것을 덜어 부족한 것을 채워준다.

물은 하늘의 도를 대변하는 존재입니다. 물은 순하게 흐르면서도 높은 곳을 깎아 낮은 곳에 뿌려줍니다. 고대 이집트가 나일 강 유역에서 발전할 수 있었던 이유가 바로 여기에 있지요? 나일 강은 상류의 비옥한 토양을 몰고 와서 하류에 뿌려줍니다. 그것이 강 하류의 문명을 불러일으킨 것입니다.

물론 도가사상을 지나치게 강조하는 극단적인 모습은 저도 원하지 않지만, 우리의 삶에서 이러한 물의 자세는 참으로 중요하다는 말을 하고 싶습니다.

이소룡에게 유연성flexibility의 모습이 많다는 것은 그에 대한 평전評傳에서 여러 번 강조되는 부분입니다. 우리는 그를 영화에서의 모습처럼 강한 사람, 일격으로 상대를 제압하는 이미지로만 생각하지요. 그러나 그는 유연성의 사람이었다 합니다. 다른 무술의 고수가 한 가지 기술을 보여주면, 이소룡은 금세 그것을 따라 해서 자기의 것으로 만들었다고 합니다. 남의 것을 따라 하는 일이 쉬운 일은 아닙니다. 다른 존재를 자신의 삶에 수용하는 모습은 바로 '물의 정신'에서 나오는 것입니다.

이소룡에 대한 패러디를 보면, 대다수 사람이 노란 운동복을 입고 괴성을 지르면서 이소룡 흉내를 내지요? 그의 미완성 유작 〈사망유희死亡遊戲 Game of Death, 1978〉에서 이소룡은 노란색 운동복을 입고 각종 무술의 고수들과 대련합니다. 노란색 운동복은 이소룡의 어느 특정 무술의 도복을 입지 않겠다는 철학에서 나온 것이라 합니다. 무슨 도道, 무슨 권법拳法이라 하는 특정 무술을 떠나서, 자신의 몸을 단련하고 마음을 이롭게 하는 큰 의미 속에서, 모든 무술을 포용하여 자기를 보호하고 정의를 지키는 것이 이소룡의 사상이라고 합니다. 바로 유연성인 것입니다.

여러분! 삶에서의 이 유연성은 참 중요한 것입니다. 유연성을 잊지 마시기 바랍니다. 요즘 높은 빌딩이 여기저기 경쟁적으로 세워집니다. 그냥 높은 빌딩이 아니라 초고층 빌딩sky-scraper이라고 불리지요. 높이가 500m가 넘는 그 높은 빌딩들이 서있기 위해서는 두 가지 조건이 맞아야 한다고 합니다. 하나는 굳건한 기초의 안정성stability이요, 다른 하나는 바로 유연성flexibility입니다. 안정성이라는 것은 굳건한 기초와 튼튼함이라고 말할 수 있습니다. 이것이 변해서는 안 됩니다. 건물이나 큰 다리에는 당연히 안정성이 있어야 합니다. 강한 기초와 튼튼함입니다. 그러나 높은 건물이나 다리에 수시로 찾아오는 강풍이나 지진과 같은 위기가 있지요? 이것을 견뎌내기 위해서는 유연성이 있어야 하지요. 높은 건물이나 다리의 교각은 미세하게 흔들린다고 합니다. 바로 이게 유연성이지요. 유연성이 없으면 위기가 다가올 때 부러지거나 부서질 수밖에 없습니다. 바로 이 유연성이 어려움을 이겨내는 중요한 요소가 되는 것입니다.

큰 목표를 세우고, 자신을 다듬고, 든든한 기반 위에 자신의 철학과 삶의 목표를 세워놓으시기를 바랍니다. 바로 이것이 안정성입니다. 그러나 하루하루 일상의 삶과 인생의 과정과 나날을 살아가면서, 더욱 소중한 것은 바로 물의 철학과 같은 유연성입니다. 부드러움이 강한 것을 이겨낸다는 아주 자주 언급되는 귀중한 진리가 되어가고자 하는 우리 모두의 삶에서 하루하루 한 순간 한 순간 실현되기를 바랍니다.

24

빛날 빈(斌), 문(文)과 무(武)를 겸한 존재

앞에서 말한 이소룡은 사실 이종격투기의 원조라 할 수 있습니다. 이종격투기異種格鬪技란 MMAmixed martial arts라 불리기도 하며, 서로 다른 무술을 연마하는 고수들이 실제적인 대결을 벌이는 것입니다. 그래서 이소룡은 영화 〈사망유희〉에서 도복이 아닌 노란색 운동복 차림으로 나옵니다. 노란색 운동복의 의미는 어느 무술이냐에 관계없이 오로지 자신의 몸과 정신으로 서로 대결한다는 것을 말해준다고 합니다. 또한 이소룡이 창안했다는 절권도에는 여러 가지 무술을 망라한 기술이 들어갔다고 합니다. 그의 절권도는 상대적으로 체격이 작은 동양인이 더 큰 서양 사람과 대결할 때, 때와 장소를 가리지 않는 그 어떤 곳에서도 신속하게 상대를 제압할 수 있게 하는 데 초점을 둔 것입니다. 그런 격투기의 원조가 철학을 전공했고 노자를 깊이 생각한다는 것에 우리는 초점을 두어야 합니다. 확고한 자신만의 철학이 있기에 단순한 무술인이나 영화배우, 혹은 싸움꾼이 아닌 것입니다. 사람이 단순하게 싸움만 잘한다고 해서, 유명한 싸움꾼이 되었다고 해서 무슨 의미가 있겠습니까? 그저 싸움만 잘하는 존재는 아무 의미가 없습니다. 그가 아무리 싸움을 잘해도 코끼리나 코뿔소한테는 상대가 되지 않을 것입니다.

오래 전 제 아들이 초등 5학년이었을 때 저에게 "아빠, 나 요즘 싸움을 좀 자주 하는 것 같아!"라고 말하며 나름대로 철학적인 질문을 하더군요. 저는 그 순간 그저 단순하게 "싸우지 마! 싸우면 안 돼!"라고 말하고 싶었지만, 저도 그 나이 때에 싸움을 꽤 했던 터라 선불리 답을 주지 못했습니다. 조금 생각하고 저는 말했지요. "다 말하려면 너무나 양이 많고 깊어서 힘들고, 우선 말할게. 싸움을 안 하고 살 수는 없지. 그러나 싸움을 하게 된다면 반드시 명분이 있어야 한다." 아들이 그 명분이 뭐냐고 되물었습니다. 저도 말은 했지만 확실한 답이 없었지요. 좀 머뭇거리다가 "명분이란 정의를 지키는 일과, 자기 자신을 방어하고 약자를 보호하는 일이야."라고 짧게 얼버무렸습니다. 시간이 지나 다시 생각해 보니 좀 더 좋은 답을 주지 못한 것이 아쉽다는 생각이 듭니다.

사실 이소룡1940-1973이 사사받기를 원했던 사람이 있는데, 그중 한 사람이 바로 〈바람의 파이터〉의 최배달로 알려진 한국사람 최영의1923-1994였다고 합니다. 최영의 역시 와세다 대학교 체육학과를 다닌 지식인입니다. 바람의 파이터 최배달은 그야말로 전설적인 무술인이었습니다. 진짜 이종격투기의 원조입니다. 세계의 각종 무술의 고수들과 대결을 벌였고 승리했습니다. 그는 운동을 좋아했지만, 책 읽기와 글쓰기도 좋아했고 저서도 남겼지요.

여러분! 결코 단순하게 운동만 잘해서는 최고의 경지에 오를 수 없습니다. 최영의는 일본 역사의 전설적인 검객 미야모토 무사시宮本武蔵, 1584?-1645가 지은 병법서인 『오륜서五輪書』를 읽고 큰 감동을 받았다고 합니다. 미야모토 무사시는 자신의 책에서 진정한 검술은 무술로만 존재하는 것이 아니라 정신과 두뇌가 함께할 때, 그리고 끊임없이 배우고 공부할 때 진정으로 발현될 수 있다고 말합니다. 일본의 최고의 검객이었던 미야모토 무사시는 무술과 동시에 수묵화를 그리는 화가였고, 또한 저술가였습니다. 검무과 붓문이 함께 존재하는 것임을 느낄 수 있습니다.

가만히 주의 깊게 생각해 보세요. 무武의 최고수들은 사실 문文을 바탕으로 하는 존재였음을 알게 됩니다. 칼만 쓸 줄 아는 사람은 최고의 자리에 올라갈 수가 없습니다. 정신이 뒷받침될 때 자기가 전공하는 것의 진정한 경지에 오르게 되는 것입니다.

이순신 장군은 무과에 급제하기 이전에는 문과 지망생이었습니다. 이순신이 오늘날 우리에게 특별하게 다가오는 이유 중 하나는 그가 무인武人이면서도 문인文人이었다는 데 있습니다. 저는 이순신 장군 하면 항상 그분이 한밤중에 『난중일기』를 쓰는 모습이 떠오릅니다. 또한 전투를 앞두고 "한산섬 달 밝은 밤에…." 같은 시를 읊조리며 고독한 사색을 하는 장군의 모습이 눈앞에 지나갑니다. 장군 이순신이면서도 인문학도인 이순신의 모습입니다.

춘추전국시대 같은 변화무쌍한 시대에는 한 나라의 왕을 죽이고자 하는 자객assassin들이 많이 있었습니다. 요즘 영화에 나오는 킬러

killer하고는 전혀 다른 이들입니다. 이연걸 주연의 영화 〈영웅2002〉의 모티브가 되기도 했던 『사기史記』의 「자객열전刺客列傳」에 나오는 형가荊軻 같은 자객을 말합니다. 그 시대의 자객들은 대부분이 글 읽는 선비들이었습니다. 그들은 자신의 나라와 민족을 위한 철학과 사상 속에서 자객으로 들어갑니다. 자기 한 몸을 던져서 왕을 죽이기만 한다면 세상이 바뀌기 때문입니다. 우리나라의 안중근 의사 역시 문무를 겸한 사람으로 특히 안 의사는 젊은 나이에도 불구하고 당대의 명필이었다고 합니다. 독일에는 앞에서 언급했던 본회퍼Dietrich Bonhoeffer, 1906-1945라는 신학자가 있습니다. 신학자요, 목회자로서 본회퍼는 히틀러 암살에 가담했다가 실패한 후 잡혀서 30대의 꽃다운 나이에 순교를 하게 되지요. 이런 감동적인 이야기는 한없이 많습니다.

옛 시절 명망 있는 선비들은 공부를 할 때 반드시 신체단련과 검술을 병행했습니다. 비록 벼슬을 얻지 못해도 늘 공부하고, 그리고 자신의 몸을 단련하는 데 게으르지 않았습니다. 공부하는 과목 중에는 당연히 『손자병법』 같은 병법이나 무예에 관한 책들도 포함되었습니다. 문文과 무武가 늘 함께 존재했던 것입니다. 임진왜란이 일어납니다. 이런 선비들이 책 옆에 놓여있던 칼을 빼들고 나라를 위해 의병장이 되는 것입니다. 동네에서 하는 단순한 싸움이라면 모를까 공부가 되어 있지 않고서는 의병들을 이끌 수 없습니다. 이런 선비들이 일제가 우리나라를 찬탈簒奪하자 조상 대대로 평생 살아왔던 고향을 등지고 머나먼 간도로 혹은 만주로 가서 사람들을 가르치고 훈련시켜 이 나라를 위해 독립운동을 하고 의병장으로 활동하게 된 것입니다.

저는 나이 든 사람에게 강의를 할 때나 젊은이들을 가르치게 될 때나 똑같이 문무를 겸하는 존재가 되어야 함을 강조합니다. 특히 젊은이들에게는 문무를 함께 갖추는 일이 더욱 중요합니다.

현대는 문文과 무武의 범위가 더 넓어졌습니다. 옛 시절에 문文이라 함은 글을 읽고 쓰는 일이었다 하면, 현대는 문을 인문학이라고 부릅니다. 옛 시절 무武라 하면 주먹을 내세우고 칼을 쓰거나 전쟁을 하는 일이었지만, 지금은 각종 스포츠, 예술, 엔터테인먼트에다가 의학, 공학, IT산업, 그리고 서비스 산업까지 이 다양한 모든 것들이 다 무의 자리가 되었습니다. 전 세계는 무의 힘으로 돌아가고 발전합니다. 그러나 그 모든 무들의 바탕에는 인문학이 깔려 있습니다. 인문학의 바탕에서 모든 일들이 발전되어야 하는 것입니다.

이제는 고인이 된 스티브 잡스는 대학에서 철학을 공부하던 사람입니다. 철학의 바탕 속에서 인류가 이룩한 IT산업의 전설이 나올 수 있었던 것이지요.

'험한 세상의 다리 되어'라는 전설의 명곡 〈Bridge Over Troubled Water〉를 만든 유태계 출신 폴 사이먼Paul Simon, 1941-의 아버지는 대학교수요, 어머니는 초등학교 교사였고, 본인 역시 퀸스 칼리지에서 영문학을 공부했지요. 이런 예는 많습니다. 할리우드의 유명배우 중 멧 데이몬은 하버드대, 조디 포스터는 예일대학교에서 문학을 전공했다고 합니다. 이미 고인이 된 우리나라의 대중음악가 신해철도 명문대학에서 철학을 공부했던 사람이었고요.

세상 사람들을 과학의 세계로, 특별히 천문학의 세계로 이끈 책 『코스모스Cosmos』의 저자인 칼 세이건Carl Sagan, 1934-1996은 20세기 최고의 과학자로 인정받는 인물인데, 그가 천문학으로 석 · 박사학위를 받기 전 그의 학부전공은 인문학이었습니다. 그랬기에 그의 책은 과학책이면서도 베스트셀러가 된 것이지요.

오래 전에 한국인 출신 메이저리거였던 한 선수가 인문학 강좌에 나와 강의를 듣는 모습을 어느 방송에서 본 적이 있습니다. 그는 선수로서도 좋은 결과를 남겼지만, 해설자가 된 지금 역시 그의 해설이 남다르다는 느낌을 받습니다. 인문학 공부를 좋아하며 운동하던 사람이 해설자가 되니 그 해설이 다를 수밖에 없는 것입니다.

지금도 전 세계의 의과대학이나 공대에서는 인문학 강좌에 학생들이 몰려듭니다. 그냥 의사, 그냥 엔지니어, 그냥 연예인이 아니라, 인문학적인 바탕이 있는 가운데 의사가 되고 발명가가 되고 과학자가 되고 엔터테이너가 될 때, 그 사람의 전공이 더 빛나게 되는 것임을 젊은이들은 결코 잊지 말아야 합니다.

할 이야기가 더 많지만 글을 이쯤에서 마무리해야 할 것 같네요.

우선 여기에서 말한 문무文武라는 것은 결코 무슨 학벌이나 전공만을 말하는 것이 아닙니다. 글을 많이 읽는 것, 글을 많이 쓰는 것, 깊이 생각할 수 있는 것, 인문학적인 성찰과 소양들, 그리고 자기가 좋아하거나 전공하는 것들을 넘어서서 많은 다른 영역들의 책들을 읽음으로 자기 자신의 범위를 넓히는 모습에 기본한 그런 문文을 말하는 것입니다. 이 세상에는 대학공부를 전혀 하지 않고도 많은 책들을 읽고 스스로 공부를 하고 글을 쓰는 모습을 가진 사람들, 그리고 자기가 남들보다 좀 더 좋아하는 문학, 기술, 예술, 사업, 문화, 엔터테인먼트 등에 매진하여 좋은 결과를 이루어 그 어느 학벌 좋은 사람보다도 더 귀한 모습으로 사는 사람들이 많습니다. 이런 사람을 우리는 문文을 갖추고, 또한 자기 자신만의 장점인 무武를 갖춘 사람이라 말하는 것입니다. 문무를 갖추는 것은 '꼭 학벌을 갖추라'는 말하고는 전혀 차원이 다른 영역의 이야기임을 잊지 마세요.

이제 이야기를 마무리합니다. 한자 중에 '빛날 빈斌'자가 있습니다. 저는 이 글자를 아주 좋아합니다. 가끔 이 글자를 종이에 크게 써보고는 생각에 잠길 때도 있습니다. 이 글자가 가끔 좋은 사진들보다도 더 깊은 의미로 다가오는 것입니다. '찬란히 빛나다, 혁혁하게 빛나다'라는 의미를 가진 글자입니다. 그리고 또 한 가지, 이 글자에는 '겸비하다'라는 뜻이 있습니다. 귀한 것들을 겸비하는 모습은 자연스럽게 빛이 납니다. 금상첨화錦上添花인 것이지요. 무엇을 겸비했습니까? 바로 문과 무를 겸비한 것입니다. 빛날 빈斌자를 보세요. 문文자와 무武자가 합쳐져 있지요? 문무를 겸비한 존재는 빛난다는 의미입니다.

문무를 겸비한 몸, 문무를 겸비한 자신의 전공실력, 문무를 겸비한 경력, 문무를 평생 추구하며 사는 삶, 이런 삶이 바로 진정 평생토록 되어가는 존재가 아닐까 생각해 봅니다.

25

Love your body

KTX를 타면 앞에도 뒤에도 기관차가 달려 있음을 봅니다. 상행선으로 갈 때에는 앞에 있는 기관차가 열차를 끌고 갑니다. 서울에 도착한 기차는 잠시 쉬었다가 다시 부산으로 내려갑니다. 이때에는 제일 뒤에 달려있던 기관차가 제일 앞 기관차가 되어 열차를 끌고 부산으로 갑니다. 물론 저는 열차의 상세한 부분에 대해서는 모릅니다. 그러나 한 사람이라는 존재를 저는 앞뒤에 달린 기관차라고 생각해 봅니다. 앞에 달린 기관차는 나의 몸이고, 뒤에 달린 기관차는 나의 정신이라고 생각해 보는 것입니다.

물론 몸과 정신이 힘을 합쳐서 나라는 존재를 끌고 가는 것이 가장 이상적입니다. 그러나 세부적으로 볼 때는 각 상황마다 다를 것입니다. 어떤 때에는 정신이 좀 약해 있는데 몸이 정신을 끌고 갑니다. 그리고 어떤 때에는 몸이 좀 약해 있는데 정신이 몸을 끌고 가는 것입니다. 또한 어떤 때에는 몸이 앞에서 끌고 정신이 뒤에서 밀어주고, 어떤 때는 정신이 앞에서 끌며 몸이 밀어줍니다.

20세기가 되기 전까지는 정신이 훨씬 더 중요하며 몸은 그저 정신을 따라오는 존재라고 생각하는 사람이 많았습니다. 이것을 이원론적인 사고라고 합니다. 정신을 더 우위에 두고, 몸은 저급한 것으로 생각했지요. 심지어 몸은 단지 정신이 머물다 가는 껍데기에 불과한 것이라고 생각하는 사람도 있었으니까요. 몸을 챙기거나 몸에 관심을 갖는 사람을 수준 낮은 사람이라고 생각하기도 했습니다. 그러나 점점 사람들의 생각이 깊어지면서 몸이 얼마나 중요한지를 깨닫게 됩니다.

동양사상, 인도사상, 그리고 히브리나 메소포타미아의 사상들은 고대로부터 일원론적인 생각을 해왔습니다. 요즘 우리가 말하는 '전체' 혹은 '전인全人' 개념인 것입니다. 몸과 마음은 하나요, 함께 존재해야만 서로에게 의미가 생기는 것이요, 그리고 똑같이 중요하다는 개념인 것이지요. 그런데 서양은 좀 달랐습니다. 몸과 정신을 분리하는 플라톤이나 칸트의 이원론적인 사상이 서양사상 2천여 년 동안 주를 이루다 보니, 서양 사람들은 20세기가 되어서야 그동안 정신과 분리해서 생각했던 몸이 얼마나 중요한지를 생각하게 됩니다. 서양도 이제 몸과 정신이 함께 합쳐져서 '나'라고 하는 존재가 이루어진다는 것을 깨닫게 된 것입니다. 또한 몸과 정신은 서로 교감하며, 서로에게 영향을 주며, 서로 합쳐져서 함께 작용을 한다는 사실을 알게 됩니다.

그런데 반드시 확인해야 할 것이 하나 있습니다. 여기서 몸이 중요하다고 말하는 것은 좋은 정신, 건강한 정신, 그리고 늘 배우고 깨닫는 정신을 가진 것을 전제하면서 몸을 중요하다고 말하는 것입니다. 건강하고 좋은 정신 없이 몸만을 생각하는 것은 진정 몸을 위하는 것이 아닙니다. 예를 들자면, 성형열풍이나 보신문화는 정신보다 몸 자체에만 관심을 갖는 행위입니다. 반면에, 소림사에서 수도하는 승려들이 무술을 하는 것은 그들이 다듬는 정신과 아울러 그들의 몸도 강하게 가꾸고자 하는 이유에서입니다. 이 시간 제가 말하는 몸은 좋은 정신을 가진 사람의 몸, 늘 발전하고자 하는 마음을 가진 사람의 몸을 말하는 것이지, 결코 정신 없이 존재하는 몸을 말하는 것이 아닙니다.

그런데 건강한 정신을 가졌고, 늘 자신의 정신을 잘 다듬는 사람들 중에 간혹 자신의 몸을 다듬는 일에는 최선을 다하지 않는 사람들이 있습니다. 사업을 하거나 업무수행에 임하는 정신이나 능력은 좋은데 자신의 몸을 돌아보는 일은 자꾸 뒤로 미루는 사람들이 있습니다. 이런 분들이 자주 하는 말이 있습니다.

"이번 시험만 붙으면 그때부터는 운동도 좀 하고 몸도 챙겨야지."

"팀장이 될 때까지만 건강보다는 일을 우선으로 하자."

"사업이 자리 잡을 때까지만 죽기 살기로 사업에 매달리자. 그 다음에는 좀 편하게 즐기며 살 수 있을 거야…!"

"몸이란 게 마음대로 되나? 그저 몸은 운명에 맡기고 나의 할 일에 최선을 다하는 게 최고지…."

뭐 이런 생각들이지요. 이런 생각들의 발상은 나쁜 것은 아닙니다.

열심히 사는 사람들의 모습 중에 하나이기 때문입니다. 그러나 그 무엇을 하든지 반드시 나의 몸을 생각하는 것이 가장 우선순위에 있어야 합니다. 보통 사람들은 일이나, 직장이나, 돈이나, 자신의 사회생활이나 시험을 일순위로 생각하며 열심히 살다가 어느 날 나이 들거나 건강에 이상을 발견한 다음에야 그제서 자신의 몸이라는 것을 생각하게 됩니다. 그러기에 몸을 생각하는 것의 서열은 항상 뒤에 위치합니다.

잠자는 시간을 줄이는 것이 가장 현명한 일이라고 생각하고, 잠을 적게 자며 열심히 사는 사람을 이 사회는 훌륭한 사람이라고 추켜세웁니다. 세상에 잠을 줄이다니! 이것은 나의 몸을 죽으라고 채찍질하는 행위나 마찬가지입니다. 밥은 적게 먹을 수 있으나, 간혹 시험을 위해 며칠 정도 잠을 줄이는 일은 가능하겠지만, 자기 일 때문에 일상의 삶에서 잠을 6시간 이하로 줄이는 일은 어리석은 행위입니다. 저도 사실 짜인 삶을 살기에 줄일 게 잠밖에 없습니다. 그렇지만 무슨 일이 있어도 밤 11시에서 아침 5시까지는 잠을 잡니다. 그리고 일주일에 한 번 정도 6시나 7시까지 잡니다.

저는 6시간을 자지만 다른 분들에게는 하루에 7시간은 꼭 자라고 말합니다. 저는 자랑 같지만 잠을 아주 잘 잡니다. 눕자마자 5분 내에 잠들고, 일단 잠들면 기상할 때까지 한 번도 깨지 않습니다. 그러기에 6시간 취침으로 버텨도 된다고 생각하고 있습니다. 그러나 취침 중 한두 번 깨어 화장실을 다녀온다든지, 잠자다가 갑자기 의식이 맑아져 잠시 시간을 보내다 다시 잠이 드는 사람은 7시간은 자야 필요를 채울 수 있는 것이지요.

운동에 대해서 생각해 봅시다. 운동을 하겠다고 다짐을 하지만, 운동을 하는 일은 항상 2순위로 밀립니다. 오늘은 이런 일로 밀리고, 내일은 저런 일로 밀리지요. 2등이면 상위등수입니다. 높은 등수이지요. 그런데 일상의 삶에서는 1순위의 일만 하게 되어 있습니다. 2순위는 순위에만 머물 뿐 실행하지를 못하는 것이 바로 삶입니다. 그러기에 다들 몸 생각을 하기는 하지만 그저 생각에만 머물게 되는 일이 허다한 것입니다.

저는 운동에 대해서 두 가지를 실시하고 있습니다. 하나는 반드시 정해놓은 일정에 운동을 하는 것입니다. 저도 시간이 없어 일주일에 2회 운동을 합니다. 그때는 반드시 조깅을 하고 다른 스트레칭이나 공차기 등을 합니다. 그리고 조깅 도중에 반드시 100m를 한두 번 전속력으로 뛰어 봅니다. 이게 하체 근육에 골고루 도움이 된다고 생각됩니다. 나머지 다른 하나가 중요합니다. 그 다른 하나는 바로 운동이라는 것은 운동하는 시간에 운동장에서만 하는 것이 아니라는 것을 깨닫고, 자신의 일상에서 운동할 수 있는 아이디어를 각각 개인에 맞게 세워야 합니다. 일상의 삶에서 조금씩 저절로 운동을 할 수 있도록 주도면밀周到綿密한 계획을 세워야 합니다. 이게 중요합니다. 중요하기에 아주 용의주도用意周到하게 생각하고 계획해야 합니다.

직장인이라면 회사에서의 하루 일정을 보내면서 최대한 몸을 쓸 수 있는 아이디어를 생각해야 합니다. 계단을 이용한다든지, 앉아서 일하면서도 정기적으로 스트레칭을 한다든지, 긴 시간 앉아 있으면서도 때때로 거칠게 복식호흡을 해보는 것 등등입니다. 저는 회사생활을 하지 않기에 하루 종일 책상에 앉아있는 경우가 대부분입니다. 책 읽기나 글쓰기에 잠시 집중하다 보면 몇 시간이 금방 지나가버립니다. 그래서 의식적으로 눈동자를 돌린다거나, 시시때때로 목운동을 합니다. 책을 보거나 글을 쓰다 졸음이 오면 바로 의자에서 일어나 허리를 돌리고 푸시 업을 합니다. 의식적으로 때때로 일어나서 스쿼트squat를 합니다.

여기서 말하는 몸을 다듬는 것은 몸짱이 된다는 등의 내용과는 전혀 관계없습니다. 남에게 과시하기 위한 나의 외모가 아니라 나 자신을 위한 내 몸에 집중하는 것을 말합니다. 자신의 몸을 건강한 몸으로 만들고 지키는 것을 말하는 것입니다.

여러분! 내 몸을 다듬게 되면 나의 마음도 더불어 건강해지고 안정된다는 것을 경험하시길 바랍니다. 몸은 거짓말을 안 합니다. 내가 해준 대로 반응을 하지요. 내가 꾸준히 운동해준 몸은 거기에 맞게 반응해 줍니다. 며칠 바빠서 운동을 못 하면, 몸은 표시를 냅니다. 이 표시를 모르는 사람은 평상시 운동이 생활화되어 있지 않은 사람임에 틀림없습니다.

저는 군 생활을 특전사 5공수에서 했습니다. 훈련이 센 곳이지요. 하루 일정이 계속 훈련으로 빡빡하게 돌아갑니다. 간혹 기다리고 기다리던 휴가나 특박을 다녀오면, 휴가복귀 후 그 다음날 당장 늘 해오던 부대의 커리큘럼을 정상적으로 소화해내기 힘듭니다. 며칠 동안 다시 내 몸을 이전 상태로 끌어올려야 합니다. 한창때의 젊은이들도 그런데 나이가 들면 어떻게 되겠습니까? 하던 걸 하루만 쉬어도 몸에서 표시가 납니다. 1회에 30회 하던 푸시 업을 해외출장의 바쁜 일정 때문에 일주일 쉬고 나서 다시 하게 되면, 20회에서부터 다시 시작해야 합니다. 그러나 그런 내 몸의 반응을 느끼며 사는 자세가 바로 자기 몸의 존재를 인식하고 몸과 대화를 하는 사람의 모습이 되는 것입니다.

여러분! 자신의 몸을 아끼세요. 건강한 정신, 발전적인 정신 없이 그저 자기 몸만을 위하는 모습은 남이 보기에도 아주 추합니다. 그러나 늘 노력하고, 더 아름답게, 더 앞서가기 위해 노력하는 그 소중한 정신, 그 앞서가는 마음속에서 나의 몸을 함께 소중하게 생각하는 모습은 고상해 보이고, 또 값진 의미가 있는 것입니다.

기름진 음식을 많이 먹는 사람에게서는 노린내가 더 심하다고 합니다. 특히 서양인이 그런 경향이 있지요. 또한 청결을 유지하지 않는 몸은 냄새가 납니다. 내 몸을 깨끗하게 다루는 데 신경을 쓰는 사람은 그 정신도 당연히 깨끗하고 건강한 사람입니다.

젊은이들은 반려자를 고를 때 그 사람이 자기 몸을 잘 돌보는지를 유심히 관찰해 보시기 바랍니다. 자기 몸을 잘 돌보는 사람은 분명히 그 정신도 건강하기 때문입니다. 수시로 화장품을 바르는 모습이나 남들 눈을 위한 초콜릿 복근 만들기에 열성적인 모습보다는, 그 사람이 일상생활 속에서 어떤 식으로 먹고 마시는지? 그 사람이 자기의 체력관리와 건강관리를 평상시에 어떻게 하는지를 보면 그 사람의 정신상태도 보입니다.

되어가는 인생의 길을 가면서 우리는 수많은 이들과 대화를 합니다.

성숙한 이는 때때로 자기 자신과의 대화를 함으로 늘 성장하는 진행형적인 존재가 됩니다. 그리고 진정 성숙한 사람은 자기 몸과의 대화를 잊지 않습니다. 평생의 삶을 살면서 말없이 우리를 지탱해주는 우리의 몸과의 대화는 나 자신을 더욱 강하고 지혜로운 사람이 되게 해 줄 것입니다.

26

되어가는 노년

이 책을 통해서 되어가는 존재에 대해서, 그리고 과정 속에 있는 존재가 가야 할 모습에 대해서 이야기해 보았습니다. 사실 이 책에 나오는 이야기들은 저 자신을 위한 생각입니다. 저 자신이 이렇게 살고자 갖는 마음을 표현한 것이고, 또한 다른 사람들과 나눈 것입니다.

어마어마한 크기를 가진 우주 안의 모든 존재는 과정적인 존재입니다. 우주의 성장은 지금도 진행 중입니다. 그렇습니다. 되어감이 없다면 그 존재는 이미 산 것이 아닙니다. 흐르지 못하고 보洑 안에 갇혀있는 물에는 녹조가 낄 수밖에 없지요.

물론 지금 성장하고 있는 어린이들이나 청소년들, 그리고 인생이 피우고자 할 꽃을 위해 나아가는 젊은이들이 가장 되어가는 존재들입니다. 그러나 성인이 될수록, 나이가 더 들어갈수록 되어가는 존재의 의미가 더 깊어진다는 사실을 결코 놓쳐서는 안 됩니다. 나이가 들수록 되어가는 정도가 더 활발해지고 강해져야 합니다. 저는 이 책『되어가는 이들에게』를 마치면서 이런 말을 하고 싶습니다.

"진정 되어가는 존재의 끝판왕은 바로 되어가는 노인이다."

라고 말이지요.

청년의 때에 목표하는 바를 이루고 그것들을 이루어내는 과정들은 귀한 것입니다. 그렇지만 '나의 청년시대의 목표'는 '나의 인생 전체의 목표'로 다시 조정되어야 합니다.

청년들은 내가 평생 죽을 때까지 되어가는 존재가 되리라 다짐하며 사시기 바랍니다. 인생은 당일치기 등산이 아닙니다. 인생은 등산가의 삶입니다. 어느 산의 정상에 올랐다고 등산가로서의 삶이 끝나지 않습니다. 인생은 나의 삶에 놓여있는 수많은 정상들을 바라보며 계획하여 올라가고, 다시 새로운 정상을 바라보며 또 올라가는 것입니다. 정상은 히말라야 같은 엄청난 곳일 수도 있으며, 동네 앞산 같은 곳일 수도 있습니다. 인생은 수많은 등산일정입니다. 그리고 생이 다할 때까지 끊임없이 정상을 오르고 또 오르다가 마지막 순간에 내가 나의 모든 일정을 마무리하게 될 그때의 모습이 바로 나의 평생의 등산을 완성하는 자랑스러운 나의 생애가 되는 것이지요.

이제는 장수시대가 되었습니다. 만 60세가 되는 환갑은 용어만 남았지 환갑행사는 이미 자취를 잃어가고 있습니다. 오래 살게 되었지만 '어떻게 오래 살 것인가?'에 대한 질문을 갖게 됩니다. 옛 시절에는 마을 느티나무 그늘 아래에서 장기를 두는 50대 할아버지, 손주를 업고 동네를 산책하는 40대의 할머니들을 쉽게 볼 수 있었습니다.

이제는 70-80대 노인도 조깅이나 사이클을 즐깁니다. 나이 좀 들면 자식들만 바라보던 옛 시절의 모습은 그야말로 역사책이 되어 버렸습니다.

어떤 분은 평생을 공직에서 보내고 은퇴한 뒤에 자기가 하고 싶었던 새로운 공부에 도전해서 박사학위를 받습니다. 어떤 분은 몸이 허락하는 한도까지 끊임없이 남을 위해 봉사하기도 합니다. 외국에 가면 자원봉사자 중에 노인들이 참 많습니다. 자원봉사자들은 도처에 있습니다. 학교에도 있고, 교회에도 있고, 관공서에도 있고, 도서관에도 있습니다. 바로 이런 노인들이 되어가는 이들이지요.

예전에 노인대학에서 강의를 한 적이 있었습니다. 노인대학에서 말이지요, 참 신기한 것이 눈에 들어옵니다. 똑같은 연령대의 노인인데요, 어떤 노인은 그 노인대학의 강사이기도 하고, 어떤 노인은 그 노인대학의 운영위원이기도 하고, 어떤 노인은 그 노인대학의 자원봉사자이기도 하고요, 어떤 노인들은 그 노인대학의 학생으로 나옵니다. 노인이 되면 이처럼 개인차가 큽니다. 노인의 차이야말로 정말로 100퍼센트 정신의 차이에서 오는 것입니다. 학벌이 좋고 나쁘고가 결코 아닙니다. 끊임없이 되어가는 진행형적인 정신과 그렇지 못한 정신의 차이인 것입니다. 여기에 몸의 건강은 가장 필수요, 근본이지요.

제가 자주 하는 이야기입니다. 노인이 되면 대체로 시간이 빨리 가는 느낌을 갖게 됩니다. 그 이유는 기대하는 것이 없기 때문입니다. 손꼽아 기다리는 것이 없기 때문입니다. 자신의 미래에 대한 계획이나 구체적인 희망이 없기 때문입니다. 어렸을 때는 기대하는 것이 많지요? 방학이 기다려지고요, 빨리 대학생이 되고 싶고요, 빨리 어른이 되고 싶고요, 수많은 기대를 가지고 삽니다. 그러기에 빨리 그때가 되었으면 좋겠는데 시간이 좀 더디 가는 것 같습니다. 똑같은 시간인데, 그 시간이 누구에게는 쏜살같이 지나가고, 누구에게는 기대와 희망 속에서 서서히 다가옵니다. 시간이 고무줄인가요? 아니지요. 바로 정신의 차이입니다.

노인이라 할지라도 지금 내가 이미 된 존재being라고 생각하면 안 됩니다. 나는 지금도 되어가는 존재becoming라고 생각하고 목표와 희망을 가지고 사는 노인에게는 젊었을 때의 그 가슴 벅찬 마음이 그대로 가슴에 살아있습니다.

처음에 말했던 우주 이야기를 좀 더 해볼까요? 우주의 끝은 우주에서 가장 오래된 존재라고 합니다. 그런데 가장 오래된 그 우주의 끝은 지금도 팽창하고 있다고 합니다. 그러기에 그 끝이야말로 우리 모두가 모르는 가장 먼 곳에 있고, 가장 먼 곳에서 지금도 활동하고 있는 끝자락의 우주가 사실 제일 오래된 우주인 것입니다. 우주의 끝은 우리로부터 너무나 멀리 있기에 그곳에서 발산된 빛이 초속 30만 km의 엄청난 속도로 달려오지만 지금도 우리의 천체 망원경에 들어오지를 못합니다. 참으로 신기하지요? 가장 오래된 존재가 오히려 지금도 가장 활발히 팽창하고 있으며 되어가고 있다는 것입니다.

저는 오래 산 노년일수록 더욱 활발하게 되어가는 존재가 될 때, 바로 그 모습이야말로 인류의 모습 중에서, 아니 우주의 모습 중에서 가장 신비스러운 감동 자체가 아닐까? 생각합니다. 어떻게 그럴 수 있냐고요? 그것을 말하자면 다시 책 한 권을 써야 합니다. 그러나 책 한 권 분량 이상의 말을 하지 않는다 해도, 그 누구에게나 자기 자신에게 맞고, 자기 자신에게 해당되는 방법이 있다는 것을 압니다. 노인들은 바로 그 길을 향해 되어가야 합니다.

앞에서 언급했던 나무 심는 노인의 이야기는 큰 의미를 남겨줍니다. 할아버지가 정성껏 심고 가꾼 나무는 자손들과 이 땅에 소중한 자산이 됩니다. 되어가는 삶은 반드시 그것만으로 끝나지 않습니다. 반드시 연결됩니다. 반드시 빛을 발하지요. 한용운 시인은 그의 시 「알 수 없어요」에서 이렇게 노래합니다.

"타고 남은 재가 다시 기름이 됩니다."

그렇습니다. 그 누군가가 노년임에도 꾸준히 되어가며, 발전하며, 진행형적 존재로 산다면, 그 언젠가 그러던 그가 이 세상을 떠나게 될 때, 그가 태웠던 정신과 과정들이 이 우주의 어딘가에 전달되고 그 어느 존재에게로 연결되어, 다시 과정을 지내며 진행될 것이라고 생각되지 않습니까? 그러기에 되어가는 존재의 끝판왕은 노년에도 되어가는 삶을 사는 멋있는 노인들의 그 모습일 것입니다. 저 또한 그런 모습이 되고 싶습니다.

조금씩 완성되어 가는 행복이 팡팡팡 샘솟으시기를 기원드립니다!

권선복

도서출판 행복에너지 대표이사
한국정책학회 운영이사

인간은 누구나 불완전한 존재입니다. 또한 완전한 존재가 되지 못한 채 운명을 다하기 마련입니다. 하지만 불완전하다고 하여 불행한 것은 아닙니다. 꿈을 이루기 위해 목표를 향해 끊임없이 나아가는 과정은, 사람을 계속 성장시키고 그에 따른 기쁨은 그 어느 것과도 비교할 수 없는 행복을 선사합니다. 특히 현대인들에게 이는 필수입니다. 몸은 편안하지만 마음이 아픈 우리 이웃들. 사람이 사람을 믿지 못하고, 비뚤어진 생각과 이기심이 넘쳐나는 세상. 어른이 되어도 철부지 티를 벗지 못하는 성인들. 과연 완전한 인생이란 무엇일까요? 이를 위해 우리는 무엇을 어떻게 해야 할까요?

책 『되어가는 이들에게』는 청소년과 청년은 물론, 늘 꿈을 안고 살

아가며 성장을 거듭하는 모든 이들에게 전하는 응원과 격려의 메시지를 담고 있습니다. 성찰과 혜안이라는 무거운 주제를 따뜻한 글로 풀어내고 있으며 밝은 시선으로 바라보는 세상이 얼마나 아름다운지를 깨우쳐 줍니다. 또한 역사적, 철학적 사례를 바탕으로, 목사이자 신학박사인 저자의 심도 있는 연구가 책 곳곳에서 빛을 발하고 있습니다. 지금 이 시대, 우리 사회에 가장 필요한 책을 세상에 선보이시는 저자에게 큰 응원의 박수를 보냅니다.

과학문명은 우리에게 편리한 일상을 주었지만 현대인들은 늘 무언가에 쫓기면서 살아갑니다. 이제는 쫓기는 삶이 아닌, 꿈을 쫓는 위대한 인생을 살아보는 건 어떨까요? 이 책을 통해 많은 이들이 '꿈을 향해, 사랑하는 사람을 향해, 더 행복한 미래를 향해' 두려움 없이 전진하기를 바라오며, 모든 독자 분들의 삶에 행복과 긍정의 에너지가 팡팡팡 샘솟으시기를 기원드립니다.